la vie
des bords de mer

Laminaria saccharina

Fucus vésiculeux

Pourpre

Œuf de roussette
contenant des embryons

Chondrus crispus

Cônes

Rhodymenia palmata

Grand cormoran

Huître

la vie
des bords de mer

par
Steve Parker

en association avec le British Museum
(Natural History Museum), Londres

Photographies originales de Dave King

Asterina gibbosa

Crevette

Marthasterias glacialis

Ophiure

Lavande de mer

GALLIMARD

Œufs de guillemot

Algue sèche

Pomme de pin

Comité éditorial

Londres :

Elizabeth Eyres, Miranda Kennedy, Sophie Mitchell,
Roger Priddy et Sue Unstead

Paris :

Christine Baker et Claire d'Harcourt
Edition française préparée par
Patrick Geistdoerfer, docteur ès Sciences, chercheur au CNRS

Publié sous la direction de

Peter Kindersley,
Jean-Olivier Héron
et
Pierre Marchand

Plumes de goéland

Anemonia sulcata

Patelle

Syngnathe

ISBN 2-07-056466-5
La conception de cette collection est le fruit d'une collaboration entre
les Editions Gallimard et Dorling Kindersley
Dorling Kindersley Limited Londres, 1989
© Editions Gallimard, Paris, 1989, pour l'édition française
Dépôt légal mai 1989 N° d'édition 45986
Imprimé en Italie par A. Mondadori Editore, Verona

SOMMAIRE

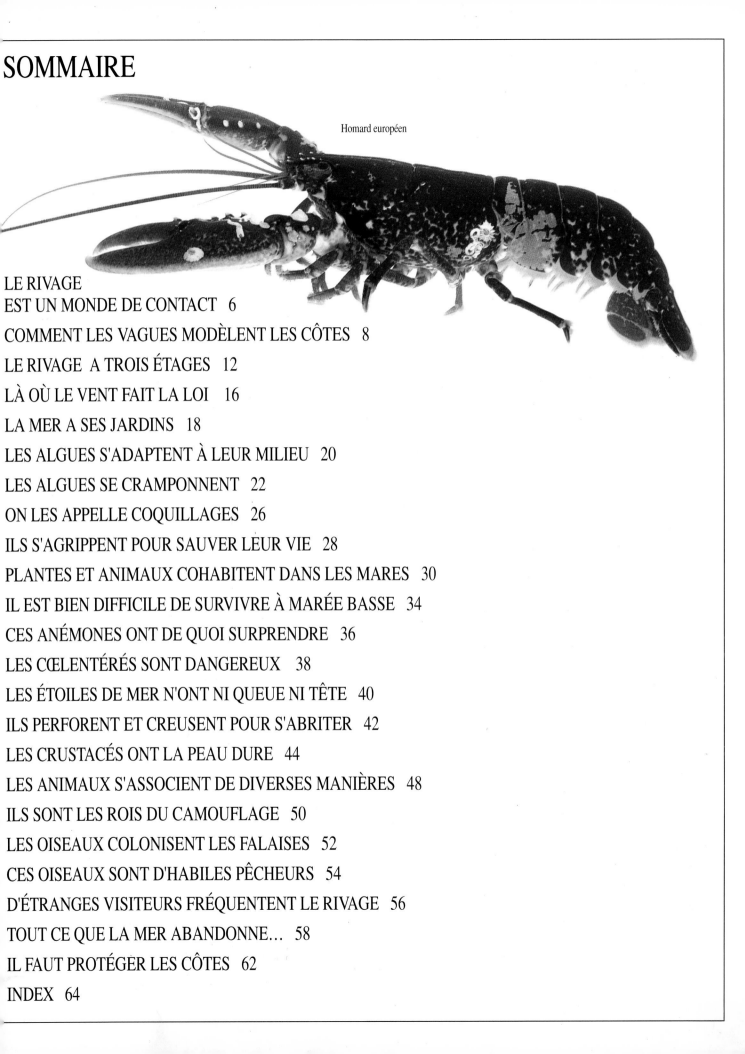

Homard européen

LE RIVAGE EST UN MONDE DE CONTACT

L'eau recouvre les deux tiers de notre planète. Qu'il s'agisse
de l'immense continent eurasien ou de la plus petite île du
Pacifique, l'un et l'autre ont un rivage. La longueur totale
des rivages est considérable, tandis que leur largeur n'est
souvent que de quelques mètres. Le littoral est une zone
particulière, à la fois terre et bord de mer, où le niveau
de la mer monte et descend au rythme des marées.
Soufflant au-dessus des océans sans rencontrer
d'obstacle, les vents viennent frapper les côtes avec une
grande violence; sous leur action, les vagues se lèvent et
déferlent sans relâche. Il n'existe pas deux rivages
identiques. La forme de chacun dépend de
facteurs variables, tels que les marées, les vents,
les vagues, les courants, la température et le
climat, mais aussi de la nature des rochers.
Sur chaque rivage s'est établi un monde
de plantes et d'animaux, dont beaucoup
paraissent étranges aux yeux des terriens.
Ce livre explore le monde du rivage;
il décrit la vie de ses habitants et leurs
adaptations aux changements
constants de l'environnement.

COMMENT LES VAGUES MODÈLENT LES CÔTES

Depuis des millions d'années, tous les jours, à chaque instant, les vagues frappent les côtes. Par temps calme, elles ne sont que de petites rides, mais avec une bonne brise, elles déferlent dans un nuage d'embruns sur les côtes rocheuses ou meubles. Lors d'une tempête, les grosses vagues déferlantes martèlent le rivage comme le ferait un marteau-pilon. L'érosion se produit de différentes façons : par la pression hydrostatique que produit la progression de l'eau vers le rivage ou par le choc de la vague lorsqu'elle se jette contre les rochers. Les poches d'air sont comprimées dans chaque crevasse ou fissure. Ainsi, chaque vague y projetant de l'air chargé d'embruns, les petites crevasses s'élargissent et des tunnels se creusent au niveau des cassures entre les rochers, depuis le pied jusqu'au sommet de la falaise. Le troisième type d'érosion est la corrosion, due à l'action des rochers de toutes tailles – depuis les galets géants jusqu'aux minuscules grains de sable – qui, entraînés par les vagues, sont projetés contre le rivage.

LA MUTATION VERS LE SABLE
Progressivement, la mer transforme, par usure, de grands blocs de pierre en galets, puis en cailloux, comme ceux-ci, puis en grains de sable, et finalement en minuscules particules de vase.

LE COMBAT ENTRE LA MER ET LA TERRE
Sur certaines côtes, la mer fait peu à peu disparaître la terre. Mais celle-ci peut lentement gagner du terrain à son tour, rendant la lutte plus égale. Des plantes comme *Ammophila arenara* contribuent à diminuer l'érosion sur les dunes de sable en retenant les grains avec leurs racines, créant ainsi des zones ombragées où d'autres plantes peuvent pousser.

LA PUISSANCE DU DÉFERLEMENT
Les vagues déploient une force énorme lorsqu'elles s'écrasent sur la côte. Le poids de l'eau qui frappe le rivage à quelques secondes d'intervalle peut créer des pressions supérieures à 25 tonnes par m^2.

LA MARÉE MONTANTE
Le temps et la marée n'épargnent personne, pas même ceux qui, en pique-nique, oublient de surveiller le niveau de la mer.

Soleil · Lune · Terre

Le déplacement de la masse d'eau crée un «bourrelet».

LES FORCES DE L'ESPACE
Deux fois par jour, la mer monte puis redescend. Les mouvements d'eau, appelés marées, sont dus à l'attraction qu'exercent la Lune et, pour une moindre part, le Soleil sur la masse d'eau. Lorsque la Terre, la Lune et le Soleil sont alignés, le déplacement de la masse d'eau est plus important (p. 12).

LA RÉSISTANCE DU ROC

La nature des rochers qui forment le rivage est un des facteurs qui déterminent fondamentalement le type de littoral. Des roches dures comme les granites, les basaltes et certains grès résistent à l'érosion, façonnant ainsi de hautes falaises stables sur lesquelles les plantes trouvent un bon point d'appui (p. 16).

Granite coloré en rose par l'orthoclase

UNE ROCHE À GROS GRAINS
Le granite est une roche ignée qui se forme par refroidissement d'un magma en fusion et par cristallisation des différents minéraux. C'est une roche à gros grains, avec d'assez grands cristaux.

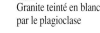

Granite teinté en blanc par le plagioclase

DES COMPOSANTS VARIÉS
Lorsque le granite est usé sous l'action de la mer et des conditions climatiques, les minéraux les moins résistants, tel le feldspath, peuvent former des substances plus meubles, comme l'argile. Le quartz et le mica sont beaucoup plus durs; ils se séparent de l'argile et peuvent éventuellement former du sable sur la grève.

DES ÎLES VOLCANIQUES
Cette lave, sur l'île de Madère, au large des côtes du nord-ouest de l'Afrique, est criblée de trous provoqués par les gaz enfermés dans la roche solidifiée.

Colonnes hexagonales formées lors du refroidissement du basalte

Falaise de grès

LES CÔTES DE LAVE
Certains rivages, comme ceux de l'île de Hawaii, sont faits de coulées de lave noire.

DES COLONNES NATURELLES
Le basalte est une autre roche ignée dure. Il est parfois érodé en surprenantes colonnes aux formes géométriques, comme cette grotte profonde de 70 m, sur la côte ouest de l'Ecosse, connue sous le nom de grotte de Fingal (et comme les immenses «marches» de la Chaussée des Géants, en Irlande).

Cette tour de grès provient de l'effondrement d'un «pont» qui l'unissait à la terre ferme (p. 10).

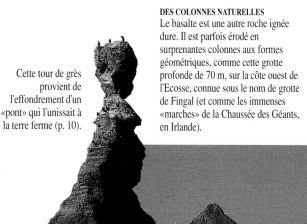

LA MÉTAMORPHOSE D'UNE PLAGE
Les grains de ce morceau de grès sont bien visibles. Peut-être proviennent-ils d'une ancienne plage dont les grains furent «cimentés» les uns aux autres. Cette masse, soulevée par de puissants mouvements de la croûte terrestre, est maintenant une falaise.

CES ROCHES QUI NAISSENT DES SÉDIMENTS

De nombreuses roches sont d'origine sédimentaire, formées par le dépôt de débris animaux et végétaux sur le fond d'une ancienne mer. Sous le poids de nouvelles particules, les plus anciennes s'agrègent en une roche solide. Plantes et animaux entiers pris dans le sédiment constituent à présent des fossiles.

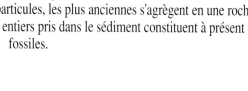

FALAISE DISPARUE
Les côtes faites de matériaux meubles, comme le sable, la vase et autres particules, peuvent être rapidement détruites par les vagues, et leurs matériaux emportés par les courants. Le long de certains rivages, on construit des barrières de bois pour réduire la quantité de sédiments entraînés par les courants.

LE TRAVAIL DES VAGUES
Lorsque les vagues approchent d'un cap, elles sont déviées de telle sorte qu'elles s'écrasent sur les côtés. La base des caps constitués de grès ou de calcaire s'érode parfois complètement; ils prennent alors la forme d'une arche ou l'allure de «tours» rocheuses.

LA FIN DE LA ROUTE
Là où la côte rocheuse est tendre et friable, des propriétés littorales entières ont été englouties sous les eaux. A l'origine, cette route conduisait à des maisons dont les ruines sont maintenant sous la mer.

Tige de crinoïdes

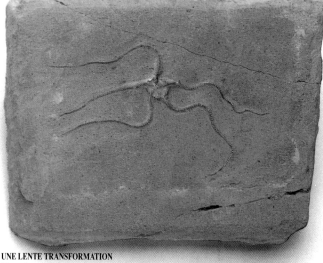

UNE LENTE TRANSFORMATION
Trouvée au pied d'une falaise, cette ophiure fossilisée (p. 40) vivant il y a quelque 200 millions d'années ressemble beaucoup à celles d'aujourd'hui.

DES BALLES DE PIERRE
Coquilles internes de bélemnites, mollusques aujourd'hui disparus, proches de nos calmars.

DES «CAILLOUX» CANNELÉS?
Les coquilles dures font de bons fossiles. Ces «cailloux» sont des brachiopodes, qui ressemblent aux coquillages appelés coques (p. 26). Elles sont fréquentes dans de nombreuses roches sédimentaires.

DES ENTRELACS
Ce réseau est un champ de crinoïdes fossilisés qui vivaient il y a 200 millions d'années. Ce sont des animaux voisins des étoiles de mer (p. 40).

La craie est une sorte de calcaire, souvent d'un blanc éblouissant, qui peut former de hautes falaises. On distingue ici les couches (strates) déposées aux différentes périodes. Au pied de la falaise, des blocs qui s'en sont détachés voisinent avec des galets provenant d'autres parties de la côte, apportés par les courants.

Couches de craie (strates) qui se sont déposées au fond d'une ancienne mer

UNE ORIGINE MARINE
La craie est constituée de fragments de plantes et d'animaux marins microscopiques fossilisés. De grands fossiles, comme les coquilles de mollusques, y sont parfois incorporés.

DE LA VASE SOLIDE
Le schiste est une roche tendre qui se débite facilement suivant le plan des couches, et qui est rapidement érodée sur les côtes. Ceux qui contiennent des restes de plantes et d'animaux marins décomposés sont les schistes huileux. Quand ils sont chauffés, ces derniers fournissent une sorte de pétrole qui pourrait constituer une importante ressource naturelle dans l'avenir.

Coquilles fossilisées dans le calcaire

DES ARCHITECTURES DE CALCAIRE
Parfois le calcaire forme des falaises, des arches et des colonnes. Le haut plateau de Nullarbord Plain dans le sud de l'Australie, qui s'élève aujourd'hui à 200 m d'altitude, fut jadis un fond marin. Le calcaire est une roche sédimentaire riche en fossiles. Lorsque des blocs tombent de la falaise et se brisent, ils mettent à jour des restes de plantes et d'animaux disparus.

Galets calcaires devenus lisses par frottement des uns contre les autres

LE RIVAGE A TROIS ÉTAGES

De la limite de la terre jusqu'au bord de l'eau, on distingue une série de zones, chacune étant caractérisée par des animaux et des végétaux qui peuvent plus ou moins longtemps supporter d'être exposés à l'air. La partie la plus haute du rivage est mouillée par les embruns mais située la plupart du temps au-dessus du niveau des plus hautes mers (étage supralittoral). On y trouve les lichens et des gastéropodes égarés (p. 26). La limite inférieure de cette zone est souvent marquée par la présence de balanes (p. 44), premières créatures réellement marines. La zone suivante, dite intertidale (située entre le niveau des plus hautes marées et celui des plus basses), est alternativement recouverte par la mer et émergée (étage médiolittoral). Elle s'étend du bas des balanes jusqu'aux goémons (laminaires), qui occupent le niveau des plus basses mers (étage infralittoral). L'étage médiolittoral est celui des algues brunes, des varechs. Au-delà des laminaires commence la zone subtidale toujours recouverte par la mer.

STABILISER LE SABLE
Les tiges rampantes du pourpier de mer et ses fortes racines contribuent à stabiliser les sols meubles de sable et de pierres.

INFLUENCE CROISSANTE DU SEL
L'influence de l'eau salée augmente depuis le haut des falaises, occasionnellement mouillé par les embruns lors des tempêtes, jusqu'à la zone subtidale, toujours submergée, en passant par les zones du rivage alternativement recouvertes par la mer et émergées. Dans chacune de ces zones vivent des plantes et des animaux différents.

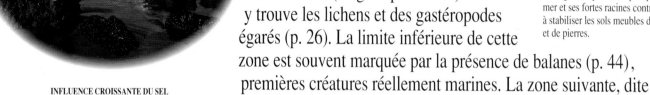

Marques des hautes mers des grandes marées

LES VIVES-EAUX
Toutes les deux semaines, la Lune et le Soleil sont alignés avec la Terre. Les attractions des deux astres s'exercent alors dans le même sens sur la mer, et provoquent une accumulation de l'eau (p. 8); les hautes mers les plus hautes et les basses mers les plus basses sont appelées marées de vives-eaux. Elles sont maximales au printemps et à l'automne.

UNE BRÈVE SUBMERSION
La limite supérieure du rivage se situe au niveau de la haute mer, au bord supérieur de la zone intertidale. Ce niveau s'élève pendant une semaine, jusqu'à atteindre celui des vives-eaux. Ensuite, progressivement, il redescend. A la partie supérieure du rivage, les plantes et les animaux sont recouverts par la mer une à deux heures à chaque cycle de marée; lors des grandes marées, ils peuvent être submergés plus longtemps.

Marques des hautes mers de marées moyennes

DES PASSAGERS CLANDESTINS
Les balanes aux appendices plumeux (à droite) se fixeront sur toute surface solide, y compris les coques des navires. Ces encroûtements constituent une gêne, car ils ralentissent la vitesse du navire. Des peintures dont certaines substances empêchent les jeunes balanes de se fixer sur les coques ont été mises au point.

Une balane déploie ses appendices à l'aspect plumeux pour saisir la nourriture et l'amener à sa bouche, située à l'intérieur des plaques de son exosquelette.

Balanes

UN LENT COMBAT
Les patelles (ou berniques) vivent sur toute la zone intertidale. Certaines espèces défendent leur territoire pour protéger leur nourriture – un vert «jardin» d'algues (p. 18). Ici, une patelle aux couleurs brillantes s'est avancée sur le territoire d'une voisine : l'occupante des lieux rampe vers elle et enfonce sa coquille sous celle de l'intruse qui, vaincue, s'éloigne.

Les étages médio et infralittoral sont présentés sur l'autre page.

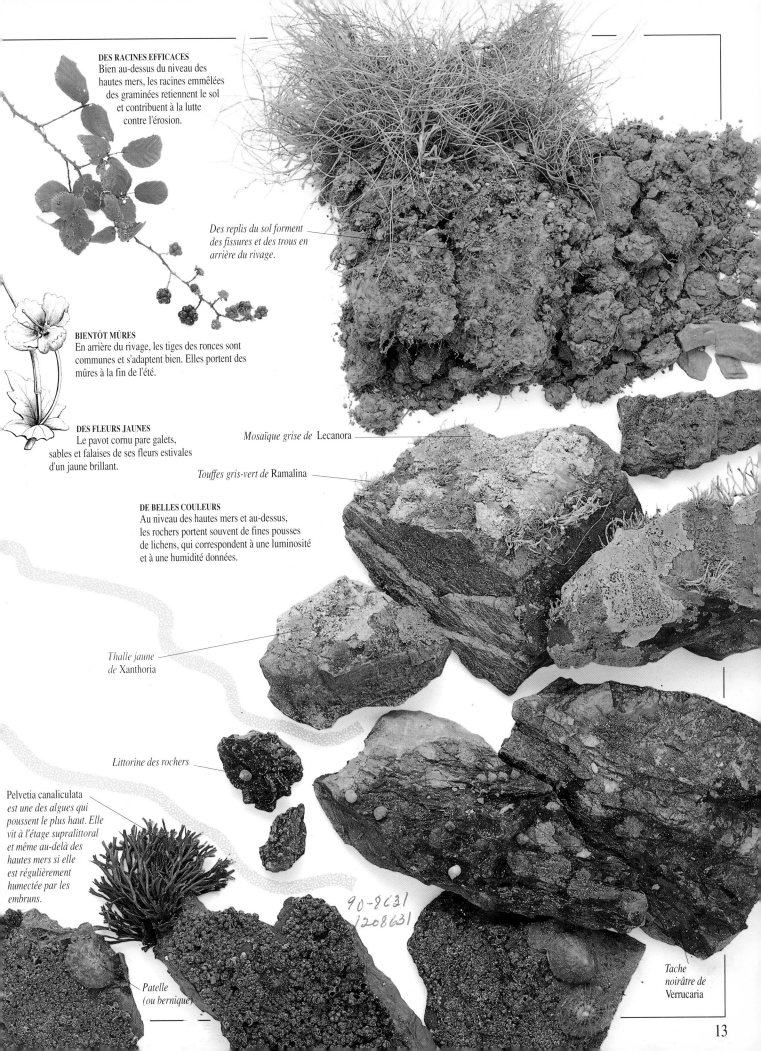

DES RACINES EFFICACES
Bien au-dessus du niveau des
hautes mers, les racines emmêlées
des graminées retiennent le sol
et contribuent à la lutte
contre l'érosion.

*Des replis du sol forment
des fissures et des trous en
arrière du rivage.*

BIENTÔT MÛRES
En arrière du rivage, les tiges des ronces sont
communes et s'adaptent bien. Elles portent des
mûres à la fin de l'été.

DES FLEURS JAUNES
Le pavot cornu pare galets,
sables et falaises de ses fleurs estivales
d'un jaune brillant.

Mosaïque grise de Lecanora

Touffes gris-vert de Ramalina

DE BELLES COULEURS
Au niveau des hautes mers et au-dessus,
les rochers portent souvent de fines pousses
de lichens, qui correspondent à une luminosité
et à une humidité données.

*Thalle jaune
de* Xanthoria

Littorine des rochers

Pelvetia canaliculata
*est une des algues qui
poussent le plus haut. Elle
vit à l'étage supralittoral
et même au-delà des
hautes mers si elle
est régulièrement
humectée par les
embruns.*

*Patelle
(ou bernique)*

*Tache
noirâtre de
Verrucaria*

90-8631
1208631

13

UNE FAIBLE AMPLITUDE
Les mortes-eaux alternent tous les quinze jours avec les vives-eaux. Lorsque les directions de la Lune et du Soleil forment un angle droit, les attractions exercées par ces astres se contrarient et il n'y a pas de très haute ni de très basse mer.

Marques des hautes
mers de mortes-eaux

La patelle, Patella aspera, *se trouve aux étages médio et infralittoral.*

UNE LANGUE RÂPEUSE
Gibbula umbilicalis rampe sur le varech à l'étage médiolittoral, arrachant les petites pousses d'algues avec sa langue en forme de râpe.

UN RÔDEUR
La pourpre petite-pierre est un prédateur que l'on trouve presque partout sur le rivage ; elle se nourrit de moules et de balanes.

UN AMATEUR DE GOÉMON
Cette troque, *Calliostoma zizyphinum*, broute sur le goémon de l'étage infralittoral.

À PIED SEC
Les moules vivent dans les estuaires et sur les zones rocheuses les plus exposées, généralement en dessous de la ceinture des balanes. En les récoltant pendant les grandes marées, à la basse mer, on ne se mouille pas les pieds.

ATTACHÉE
L'anomie se fixe aux rochers de l'étage infralittoral et de la zone subtidale.

UN PERCEUR
Le cormaillot, ou perceur, se nourrit en perçant les coquilles des huîtres, des moules et des balanes pour atteindre leur chair.

MORTES-EAUX
Lors des mortes-eaux, la mer ne monte pas très haut et ne descend pas très bas. La hauteur de la marée peut être alors inférieure à la moitié de celle des vives-eaux.

Marques
des basses mers

BASSE MER MOYENNE
L'étage infralittoral se situe au niveau moyen des basses mers et dans la partie la plus basse de la zone intertidale. Ici, les êtres vivants sont recouverts par la mer durant les périodes de mortes-eaux.

Marques des basses
mers de marée moyennes

Les grands goémons ne sont découverts qu'aux basses mers de vives-eaux.

UNE CEINTURE DE BALANES
Lorsqu'ils sont exposés aux fortes vagues et au vent sans pouvoir se protéger, les varechs survivent avec difficulté. A leur place, sur les étages supra et médiolittoral, s'installent des balanes qui forment une ceinture caractéristique le long de nombreuses côtes. Sur quelques rivages australiens, on dénombre plus de 120 000 balanes au mètre carré.

Balanes

MER NOURRICIÈRE
De nombreuses créatures fixées, comme ces modioles, comptent sur la mer pour trouver leur nourriture, sous la forme de minuscules particules en suspension.

Moules recouvertes de balanes et de bryozoaires, Membranipora membranacea

L'INSTANT PROPICE
Le meilleur moment pour étudier la côte rocheuse est celui de la basse mer des vives-eaux (p. 63).

LÀ OÙ LE VENT FAIT LA LOI

Lorsqu'on s'approche de la côte en venant de l'intérieur des terres, l'environnement change. Le vent qui souffle sur la mer sans que rien ne l'arrête arrache aux vagues de fines gouttelettes, et donne à l'air une saveur salée. Les plantes qui poussent près des rivages doivent affronter les vents violents et, dans les zones éclaboussées, les embruns. Pour ne pas subir toute la force du vent, elles ont tendance à ne pas pousser en hauteur. Un autre problème se pose à ces plantes, en particulier sur les galets et au sommet des falaises rocheuses : le manque d'eau. Au vent, la pluie sèche rapidement ou s'écoule entre les rochers. Certaines espèces, telle la criste marine, ont des feuilles charnues, épaisses et résistantes, qui gardent l'eau en réserve. De nombreuses plantes du rivage, bien adaptées à un milieu sec, poussent dans des conditions similaires à l'intérieur des terres.

PAYSAGES VARIÉS
Les côtes et leurs voisinages sont, partout dans le monde, très peuplés : la côte est d'autant moins occupée qu'elle est plus haute et plus rocheuse; on peut alors y trouver une grande variété de paysages naturels.

UNE LAVANDE PARMI LES ROCHERS
Cette lavande de mer, proche parente de celle des marais salés, n'a guère de rapport avec la vraie lavande.

L'ŒILLET ÉTERNEL
L'armérie maritime, ou œillet marin, forme des touffes gazonnantes, comme pour se protéger du vent. Elle garde ses couleurs en séchant, ce qui lui vaut la faveur de ceux qui font des bouquets.

Feuille charnue

Fruit

DES PIERRES TAPISSÉES
Le sédum forme de véritables tapis sur les pierres. Après la floraison, les fruits brun rougeâtre restent sur les tiges.

LA MATRICAIRE MARITIME
Ses fleurs ressemblent à celles des pâquerettes, et ses feuilles sont charnues. Elle fleurit à la fin de l'été et caractérise les sols rocheux, comme les terres en friche, les galets et les pieds des falaises.

DE LA FLEUR AU FRUIT

Chez la criste marine, les petites fleurs du milieu de l'été, duveteuses, vert jaunâtre, se sont fanées et des fruits bruns, à l'aspect de liège, se développent. On mangeait jadis les feuilles savoureuses de cette plante de la côte, soit confites dans du vinaigre, soit légèrement cuites et servies avec du beurre.

Fruit

Chaque fleur a cinq petits pétales.

Feuilles charnues recouvertes d'une peau épaisse

Minuscules glandes à huile à la surface inférieure des feuilles

ROUGE OU BLANCHE

La centranthe rouge a des fleurs rouges ou blanches. On la trouve dans les zones rocheuses, sur les falaises et les galets, et à l'intérieur des terres, sur les murs de pierre.

UN COUSSIN DE THYM

Le thym sauvage n'est pas limité au rivage, il pousse aussi dans les dunes de sable, les landes et au sommet des falaises. Il ne croît pas en hauteur; sa tige est rampante et il fleurit tout l'été. Comme le thym cultivé, le thym sauvage a un parfum caractéristique, doux et âcre, dû à une huile aromatique naturelle, le thymol.

Un groupe de cochléaires

DES CORNES DE CERF

Les plantains sont des plantes résistantes et fibreuses qui ne poussent pas en hauteur. Le plantain corne-de-cerf, commun sur de nombreuses côtes, doit son nom à la forme de ses feuilles qui ressemblent à des andouillers.

PRÉVENTION DU SCORBUT

Pour se protéger du scorbut, les marins mangeaient les feuilles de la cochléaire, riches en vitamine C. C'est une crucifère comme le chou.

UNE LUTTE CONTRE LE VENT

Beaucoup d'arbres s'efforcent de pousser au sommet des falaises et sur les caps, dans le vent et l'air chargé de sel. Ce chêne a été incliné et desséché par le vent.

LA MER A SES JARDINS

Le long du rivage, et dans la mer elle-même, on trouve des plantes différentes des arbres et des fleurs terrestres. Ce sont les algues, qui n'ont ni fleurs ni graines. Elles présentent des modes de reproduction variés: certaines ont, aux extrémités de leur thalle, des renflements qui lâchent dans l'eau de mer des cellules reproductrices. Les algues n'ont ni racines, ni tiges, ni feuilles, mais les plus grandes possèdent des stipes («tiges»), des frondes («feuilles»), et parfois un crampon, semblable à des racines, qui les ancre sur les rochers (pp. 22-23).

La plupart des algues sont dépourvues de vaisseaux qui transportent dans toute la plante l'eau et les substances nutritives; elles les absorbent directement à travers leur surface. Trois groupes d'algues se trouvent sur les rochers: les vertes, les brunes et les rouges.

DES FRONDES PLUMEUSES
La délicate structure de nombreuses algues rouges, comme cette *Plocamium*, se voit mieux quand elles sont dans l'eau. Elles font des taches de couleur sur la partie inférieure des rivages et dans l'eau.

UNE TRANSPLANTATION DÉLICATE
Les algues se conservent difficilement en aquarium même si un sachet de sel peut imiter plus ou moins bien l'eau de mer (p. 6). La plupart des algues ont besoin d'un courant d'eau permanent qui leur apporte substances nutritives et oxygène, et du rythme de la marée qui les couvre et les découvre.

DES RUBANS VERTS
Plusieurs espèces d'entéromorphes prospèrent sur les côtes rocheuses. Elles poussent aussi dans les estuaires, entre les rochers, là où un écoulement d'eau douce diminue la salinité.

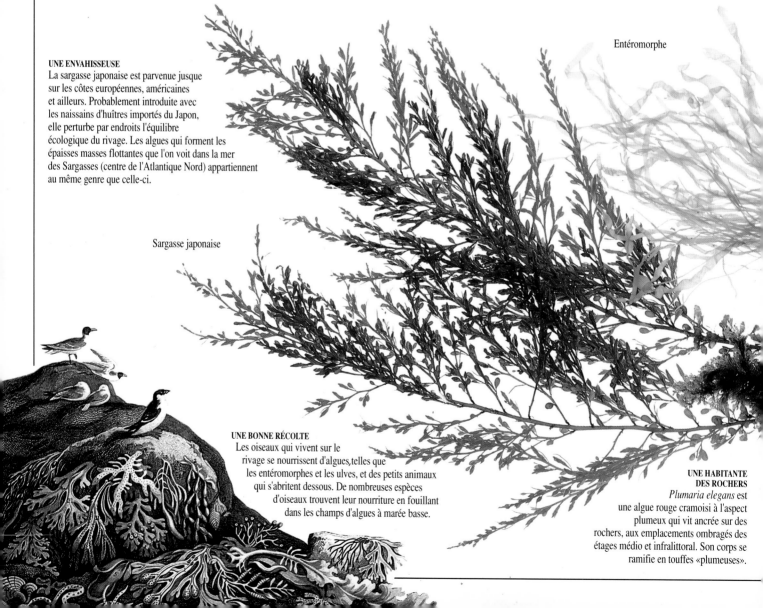

UNE ENVAHISSEUSE
La sargasse japonaise est parvenue jusque sur les côtes européennes, américaines et ailleurs. Probablement introduite avec les naissains d'huîtres importés du Japon, elle perturbe par endroits l'équilibre écologique du rivage. Les algues qui forment les épaisses masses flottantes que l'on voit dans la mer des Sargasses (centre de l'Atlantique Nord) appartiennent au même genre que celle-ci.

Entéromorphe

Sargasse japonaise

UNE BONNE RÉCOLTE
Les oiseaux qui vivent sur le rivage se nourrissent d'algues, telles que les entéromorphes et les ulves, et des petits animaux qui s'abritent dessous. De nombreuses espèces d'oiseaux trouvent leur nourriture en fouillant dans les champs d'algues à marée basse.

UNE HABITANTE DES ROCHERS
Plumaria elegans est une algue rouge cramoisi à l'aspect plumeux qui vit ancrée sur des rochers, aux emplacements ombragés des étages médio et infralittoral. Son corps se ramifie en touffes «plumeuses».

UN SIGNE D'ÉTÉ
Au printemps et en été, cette algue brune ramifiée,
Bifurcaria, porte aux extrémités de son thalle des renflements
tachetés qui contiennent les cellules reproductrices.
Cette espèce, qui se trouve dans les mares des étages médio
et infralittoral, est toujours immergée.

LE RÉGIME DE L'ÉPONGE
Une éponge vert sombre est fixée au rocher près de cette
Spongomorpha chevelue. C'est *Halichondria panicea*, qui se
rencontre dans les fentes ombragées et parmi les galets de l'étage
infralittoral. Les éponges sont des animaux primitifs qui aspirent
l'eau de mer pour en extraire l'oxygène et des particules de
nourriture.

*L'eau pénètre dans
l'éponge par de
nombreux trous
minuscules ;
elle est rejetée
par des trous
plus grands,
bien
visibles.*

Bifurcaria

Ceramium rubrum
poussant sur une *Bifurcaria*

Spongomorpha

*Extrémités renflées
contenant les cellules
reproductrices*

Pelvetia canaliculata

DES LIMITES TOUFFUES
Ces *Pelvetia canaliculata*
pendent sur les rochers de l'étage
supralittoral marquant souvent la
limite des hautes mers. Leur nom
vient de leur thalle (ci-dessous),
creusé en gouttière sur un côté.

DES ALGUES COLORÉES
Il existe de nombreuses espèces d'algues calcaires.
Ces algues rouges à l'aspect de dépôts crayeux poussent
sur les parois des mares rocheuses et dans
les endroits ombragés à l'étage médiolittoral
et au-dessous.

Algue calcaire

UNE ALGUE CHEVELUE
Voici une espèce de *Cladophora*, algue commune
dont le thalle ramifié fait penser à une chevelure
verte, et qui prospère du haut au bas du rivage.

Plumaria

Cladophora

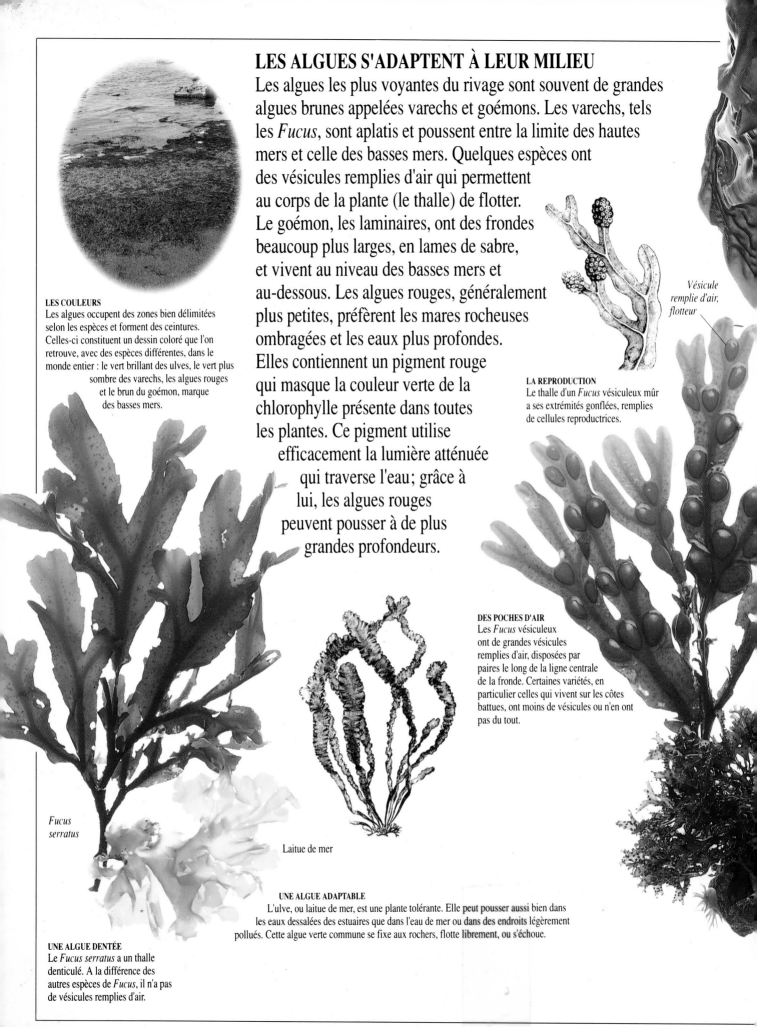

LES ALGUES S'ADAPTENT À LEUR MILIEU

Les algues les plus voyantes du rivage sont souvent de grandes algues brunes appelées varechs et goémons. Les varechs, tels les *Fucus*, sont aplatis et poussent entre la limite des hautes mers et celle des basses mers. Quelques espèces ont des vésicules remplies d'air qui permettent au corps de la plante (le thalle) de flotter. Le goémon, les laminaires, ont des frondes beaucoup plus larges, en lames de sabre, et vivent au niveau des basses mers et au-dessous. Les algues rouges, généralement plus petites, préfèrent les mares rocheuses ombragées et les eaux plus profondes. Elles contiennent un pigment rouge qui masque la couleur verte de la chlorophylle présente dans toutes les plantes. Ce pigment utilise efficacement la lumière atténuée qui traverse l'eau; grâce à lui, les algues rouges peuvent pousser à de plus grandes profondeurs.

LES COULEURS
Les algues occupent des zones bien délimitées selon les espèces et forment des ceintures. Celles-ci constituent un dessin coloré que l'on retrouve, avec des espèces différentes, dans le monde entier : le vert brillant des ulves, le vert plus sombre des varechs, les algues rouges et le brun du goémon, marque des basses mers.

Vésicule remplie d'air, flotteur

LA REPRODUCTION
Le thalle d'un *Fucus* vésiculeux mûr a ses extrémités gonflées, remplies de cellules reproductrices.

DES POCHES D'AIR
Les *Fucus* vésiculeux ont de grandes vésicules remplies d'air, disposées par paires le long de la ligne centrale de la fronde. Certaines variétés, en particulier celles qui vivent sur les côtes battues, ont moins de vésicules ou n'en ont pas du tout.

Fucus serratus

Laitue de mer

UNE ALGUE ADAPTABLE
L'ulve, ou laitue de mer, est une plante tolérante. Elle peut pousser aussi bien dans les eaux dessalées des estuaires que dans l'eau de mer ou dans des endroits légèrement pollués. Cette algue verte commune se fixe aux rochers, flotte librement, ou s'échoue.

UNE ALGUE DENTÉE
Le *Fucus serratus* a un thalle denticulé. A la différence des autres espèces de *Fucus*, il n'a pas de vésicules remplies d'air.

LES DOUCEURS DE LA MER
La laminaire sucrée, *Laminaria saccharina*, est une grande algue brune. Sa fronde foncée aux marges ondulantes est caractéristique, tout comme le goût sucré de la poudre blanche qui se forme à sa surface quand elle sèche. En Extrême-Orient, elle est considérée comme une friandise.

UNE SOLIDITÉ À TOUTE ÉPREUVE
Himanthalia elongata est une algue brune, en lanières, qui a la consistance du cuir et vit à l'étage infralittoral. Ses frondes étroites peuvent atteindre 3 m de long. Grâce à sa robuste texture, elle reste intacte lorsque les vagues la projettent contre les rochers.

Laminaire sucrée

Himanthalia elongata

UNE BASE EN CUPULE
Celle de l'*Himanthalia elongata* est la partie végétative de l'algue et ressemble à un champignon fixé au rocher. Au cours de la deuxième année, les «lanières» prennent naissance à partir de cette base.

Fucus vésiculeux

UNE MOISSON LUCRATIVE
Chondrus crispus (carragheen), à gauche, et *Rhodymenia palmata* (goémon à vache en Bretagne), ci-dessous, sont récoltés commercialement. Le *Chondrus crispus* fournit du gélifiant, tandis que la *Rhodymenia palmata* peut être mangée crue, ou ajoutée à un ragoût ou à une soupe.

Rhodymenia palmata

Chondrus crispus

LES ALGUES SE CRAMPONNENT

Les algues n'ont pas de vraies racines. Les structures noueuses des grandes algues brunes, appelées crampons, s'agrippent fortement au rocher et procurent un ancrage analogue à celui que peuvent fournir des racines dans le sol. À la différence de vraies racines, les «radicelles» d'un crampon n'absorbent ni l'eau, ni les substances nutritives; celles-ci pénètrent par toute la surface de l'algue. Cependant, les crampons peuvent constituer un refuge sur le rivage : de même que les arbres abritent le sous-bois, les épaisses frondes et les robustes crampons de la forêt de goémons de l'infralittoral protègent du soleil et atténuent la force du vent et des vagues. De nombreuses plantes plus petites et de nombreux animaux du rivage (crabes, crevettes, mollusques, poissons), bénéficient de conditions plus sereines au sein de la forêt des algues brunes. Pendant les tempêtes, les algues les plus faibles sont arrachées des rochers. Lors des plus violentes tempêtes, on voit sur le rivage d'énormes amas de goémons dont les hôtes s'accrochent aux frondes. La loutre de mer de Californie (p. 56) est un habitant bien connu des champs de goémons de la côte du Pacifique. À la surface de l'eau, elle s'enveloppe de frondes pour se dissimuler.

Les moules indiquent que l'algue a plusieurs années.

QUEL CRAMPON!
Les *Laminaria digitata* s'agrippent fermement au rocher avec les «radicelles» en forme de doigt de leurs crampons. D'autres algues brunes, tout comme certaines espèces d'algues rouges et vertes, ont colonisé ce petit morceau de schiste. Leurs pieds ont poussé dans chaque fissure et fente du rocher.

EN TERRAIN GLISSANT
La porcellane est un crabe qui se nourrit en filtrant l'eau pour y recueillir les particules en suspension. Elle est plus proche des bernard-l'ermite que des vrais crabes (pp. 48-49). Ses pattes ont des épines pointues qui s'agrippent aux rochers lisses, ou aux crampons glissants, et qui lui permettent de faufiler son corps aplati sous les galets ou entre les «radicelles» du crampon.

Porcellane

Jeune *Laminaria digitata*

UNE BONNE CACHETTE
La coupe d'un crampon (à droite) révèle sa structure résistante et fibreuse et une minuscule «caverne» où la porcellane se réfugie (ci-dessus).

PAPILLOTES ET FALBALAS
Une des algues brunes les plus remarquables est *Saccorhiza bulbosa*. Son stipe aux bords ondulés s'élargit en longues frondes en forme d'éventail qui peuvent atteindre plus de 2 m.

Saccorhiza bulbosa

Trou à la face inférieure

«Radicelles» de crampon

BULBES ET BULLES
Comme les autres laminaires, la *Saccorhiza bulbosa* pousse à l'étage infralittoral et au-dessous. Son crampon forme un bulbe couvert de protubérances qui lui donne l'apparence d'un sac plein de bulles. C'est une plante annuelle mais le bulbe peut subsister plus longtemps.

UNE LANGUE BIEN ACÉRÉE
Les *Patina pellucida* sont des animaux brouteurs communs sur les goémons. Elles râpent l'algue et les plantes incrustantes. Parfois, ce mollusque se creuse un «domicile» (p. 29) dans le crampon.

Algue rouge qui pousse sur du goémon

Porcellane dans un interstice du crampon

LA MOISSON DU LITTORAL
Les algues sont des plantes comestibles, riches en vitamines et minéraux. Dans de nombreux pays, on les mange comme un plat de légumes, ou hachées et râpées en garniture. Au Japon, le goémon et une algue rouge (*Gloropeltis*) sont cultivés et vendus respectivement sous les noms de *kombu* et *funori*.

UNE LUTTE SANS MERCI
Des espèces analogues aux laminaires existent dans le monde entier. Ce crampon fixe une *Macrocystis* (une laminaire géante) de Nouvelle-Zélande. La plante entière atteint 10 m de long. Les vagues et les courants tirent avec violence sur les énormes frondes; le crampon doit donc être d'une force suffisante pour résister. Il existe plus de six cents espèces d'algues dans les eaux de la Nouvelle-Zélande.

Le reste de l'algue est présenté sur la page suivante.

LE GOÉMON NETTOYÉ
L'oursin commun est une des nombreuses créatures qui se nourrissent sur les rochers et les algues. Grâce à ses puissantes mâchoires (p. 28), l'oursin racle les rochers et les stipes de goémon, mangeant les petites pousses d'algues et les petits animaux qui s'y trouvent. Parfois, les oursins arrachent toutes les nouvelles pousses des rochers, qu'ils laissent nus et sans vie.

La base aplatie se divise en frondes.

Stipe de goémon

LES ALGUES GÉANTES
La loutre de mer (p. 56) habite parmi les *Macrocystis*, laminaires géantes de Californie. Certaines de ces algues grandissent d'un mètre par jour, pouvant atteindre 100 m de long.

Les extrémités des frondes sont abîmées.

Tissu cicatrisé qui s'est formé à l'emplacement de blessures faites par des animaux

Les avirons s'empêtrent parfois dans les laminaires.

Les bryozoaires *(Membranipora membranacea)* sont des créatures minuscules qui rappellent les anémones de mer. Elles vivent dans de toutes petites loges calcaires et forment un délicat dessin sur certaines laminaires.

Les roussettes déposent leurs œufs dans les algues.

ON LES APPELLE COQUILLAGES

Sur le rivage, les animaux qui vivent à l'intérieur de coquilles sont des mollusques qu'on appelle communément coquillages. Ils constituent un très grand groupe animal, réunissant plus de 120000 espèces dans le monde. Le mollusque typique a un corps mou, un pied musculeux sur lequel il se déplace, une coquille dure faite de carbonate de calcium et d'autres minéraux extraits de l'eau de mer. Mais il existe de nombreuses variétés : les gastéropodes ressemblent aux escargots, troques, pastelles, buccins, nérites, porcellanes et cônes.
La plupart des mollusques comestibles sont des bivalves : coques, moules, coquilles Saint-Jacques, pétoncles, huîtres, couteaux et tarets. Dentales, chitons, aplysies, calmars et pieuvres appartiennent aussi au groupe des mollusques.

DES OBJETS PRÉCIEUX
Les coquillages sont utilisés en bijouterie, et dans la fabrication d'objets de fantaisie, comme la boîte de coquillages vendue par la petite fille représentée ici. Dans quelques régions côtières, certains coquillages tenaient lieu d'argent, comme les monnaies de porcellane des îles tropicales.

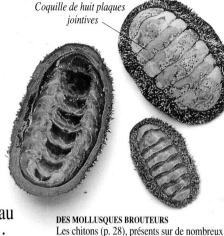

Coquille de huit plaques jointives

DES MOLLUSQUES BROUTEURS
Les chitons (p. 28), présents sur de nombreux rochers du rivage, sont difficiles à voir car ils se confondent avec les rochers. Cette espèce est une «brouteuse d'algues» de l'océan Indien, aux dents minuscules recouvertes d'une substance résistante contenant du fer.

UN DÉCOR NATUREL
Les troques, avec leur coquille pointue ornée de bandes et de taches, sont des habitantes familières des mares rocheuses (pp. 30-33). Cette espèce, qui vit dans la mer Rouge, se nourrit d'algues à l'étage infralittoral.

UNE SPLENDEUR NACRÉE
Les ormeaux sont réputés pour la beauté de la nacre aux couleurs d'arc-en-ciel de l'intérieur de leur coquille. Ces parents des troques et des patelles broutent des algues et sont eux-mêmes consommés comme un «fruit de mer», en particulier dans le nord-ouest de l'Amérique (d'où provient cette espèce) et dans le Pacifique Sud.

L'eau est expulsée à travers ces trous.

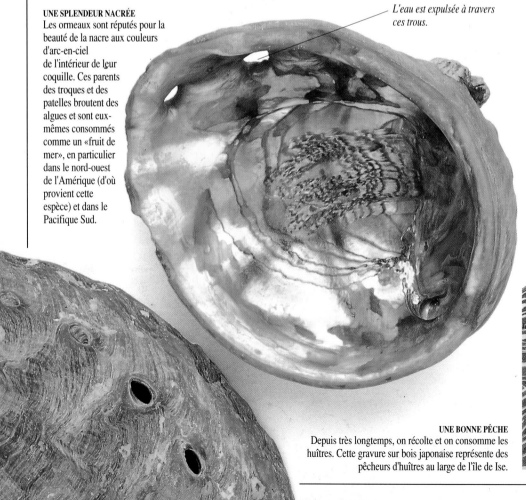

UNE COQUILLE BRILLANTE
Cette porcellane est très répandue sur de nombreuses côtes des océans Indien et Pacifique, sauf au sud de l'Australie. Elle broute des petites algues sur les rochers et sur le bord extérieur des récifs de coraux, là où il y a du ressac. Quand il est en danger, l'animal se rétracte dans la fente latérale de sa coquille.

UNE BONNE PÊCHE
Depuis très longtemps, on récolte et on consomme les huîtres. Cette gravure sur bois japonaise représente des pêcheurs d'huîtres au large de l'île de Ise.

UNE TOUPIE COLORÉE
Cette *Monodonta* est un autre gastéropode fortement coloré de l'océan Indien. Gastéropode signifie que son «ventre est un pied»; comme les escargots, ces animaux semblent glisser sur leur ventre.

UN HERBIVORE CÔTIER
Les nérites se trouvent sur de nombreuses côtes tropicales; elles vivent aux Antilles, à l'étage médiolittoral. Herbivores, ces gastéropodes grattent les petites algues des rochers, des crampons et des grandes algues.

DES ARMES INÉGALES
Les deux valves de la coquille de l'huître sont tenues fermement ensemble par un muscle puissant. Pour atteindre la chair, il faut soulever les valves avec un couteau. Les huîtres se mangent souvent crues, dans leur jus naturel, directement dans la coquille.

Pointe pour soulever les plaques des balanes

UNE ALLURE TROMPEUSE
Certains pourpres ressemblent à des escargots ; mais celui-ci, originaire du Chili, avec son large pied, a l'allure d'une patelle.
Il patrouille sur les étages médio et infralittoral des côtes de l'Amérique du Sud, en se nourrissant de balanes et de moules.

UN TRI MINUTIEUX
Il existe de nombreuses espèces d'huîtres. Celle-ci se fixe au rocher par sa valve droite. Comme beaucoup de bivalves, l'huître est un filtreur. Elle crée un courant d'eau de mer dans lequel elle filtre les particules alimentaires en suspension avant de les diriger vers son appareil digestif grâce à de petits cils vibratiles.

UN CARNIVORE CÔTIER
Les pourpres, comme les nérites (ci-dessus), sont des gastéropodes, mais aussi des carnivores. Cette espèce, de la côte ouest de l'Amérique du Nord, écarte les plaques des balanes avec son épine pour accéder à la chair.

UN MOLLUSQUE VENIMEUX
Le cône des océans Indien et Pacifique est une espèce de la zone intertidale (p. 16) qui appartient au grand groupe des gastéropodes. Ces cônes ont des «dards» empoisonnés en forme de harpon, qu'ils projettent dans les vers ou autres proies pour les capturer.

LA CHASSE AU VER
Ce pourpre, dont l'ouverture de la coquille est rougeâtre, vit dans les régions indo-pacifiques. Il mange des vers à l'étage infralittoral.

Les porcellanes européennes sont plus petites que leurs homologues tropicales et se nourrissent d'ascidies à l'étage infralittoral.

LE BYSSUS DE LA MOULE
La moule se fixe aux rochers par un groupe de filaments résistants qu'elle sécrète, appelé byssus. L'espèce représentée ici se trouve dans le Sud-Est asiatique.

LES FRUITS DE MER
L'artiste américain du XIXᵉ siècle, Winslow Homer, a peint ici une scène de cuisson des pétoncles. Ceux-ci sont placés sur un lit d'algues disposées au-dessus de pierres chauffées.

ILS S'AGRIPPENT POUR SAUVER LEUR VIE

Lorsque les vagues pilonnent la pierre, les côtes rocheuses deviennent fort inhospitalières. Beaucoup de créatures de la zone de balancement des marées (zone intertidale) ont réagi en développant de fortes coquilles externes qui les protègent aussi des prédateurs et de la chaleur desséchante du soleil. Les berniques (ou patelles) ont une coquille basse, conique, qui offre peu de résistance aux vagues, tandis que celle du bigorneau est épaisse et arrondie de telle sorte que, s'il est détaché de la pierre, il roule rapidement dans une fente. Une bonne adhérence au rocher constitue un élément supplémentaire de survie.

À LA DÉRIVE
Les anatifes, souvent échoués sur le rivage, ont un pied robuste qui les fixe sur des débris flottants, comme des morceaux de bois ou des pierres ponces. Ces crustacés (p. 44) vivent en mer, filtrant l'eau pour recueillir les minuscules particules en suspension. Autrefois les gens croyaient que ces anatifes donnaient naissance à des oies, sans doute à cause de leurs appendices à l'aspect plumeux.

Pied

Bouche

Ceinture

Chitons vus de dessus et de dessous

UNE INGÉNIEUSE VENTOUSE
Le large pied du chiton le fixe sur le fond. S'il est délogé, l'animal ploie son corps, enroule les plaques de sa coquille et prend la forme d'une balle.

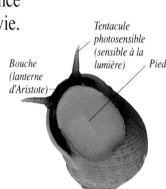

QUI S'Y FROTTE S'Y PIQUE
La symétrie rayonnante d'ordre 5 de l'oursin indique sa parenté avec l'étoile de mer. Il est protégé des prédateurs par de grands piquants mobiles qui peuvent s'incliner en pivotant sur le petit mamelon sur lequel repose leur base. Avec ses longs pieds ambulacraires, l'oursin se fixe sur les rochers ou s'y déplace pour saisir des morceaux de nourriture ou se débarrasser des débris.

Bouche (lanterne d'Aristote)

Tentacule photosensible (sensible à la lumière)

Pied

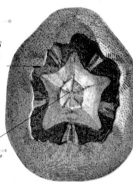

UN PIED SUFFIT
Les bigorneaux (ou littorines) sont depuis longtemps ramassés pour la consommation. Comme l'escargot, son parent terrestre, le bigorneau se déplace sur un pied charnu et musculeux, lubrifié par un film de mucus. Quand il ne «marche» pas, il se niche souvent dans une fissure ou une fente et comble avec du mucus l'espace qui sépare sa coquille du rocher.

Pieds ambulacraires se mouvant dans l'eau

Bouche (lanterne d'Aristote)

Pieds ambulacraires fixés sur le substrat

Face inférieure d'un oursin

Test d'oursin

Trous à travers lesquels passent les pieds

L'OURSIN NU
Privé de ses piquants et de sa peau, l'oursin présente un squelette aux dessins réguliers (le test). L'ensemble des cinq dents, avec lesquelles l'oursin attaque les algues et les animaux fixés, est appelé lanterne d'Aristote.

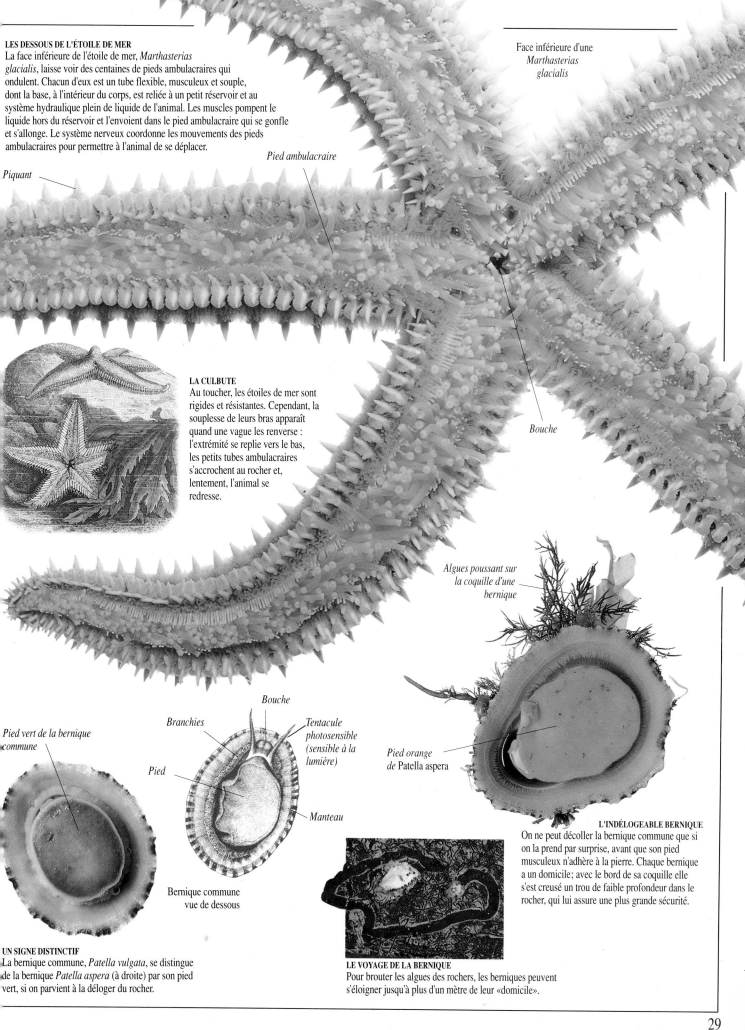

LES DESSOUS DE L'ÉTOILE DE MER
La face inférieure de l'étoile de mer, *Marthasterias glacialis*, laisse voir des centaines de pieds ambulacraires qui ondulent. Chacun d'eux est un tube flexible, musculeux et souple, dont la base, à l'intérieur du corps, est reliée à un petit réservoir et au système hydraulique plein de liquide de l'animal. Les muscles pompent le liquide hors du réservoir et l'envoient dans le pied ambulacraire qui se gonfle et s'allonge. Le système nerveux coordonne les mouvements des pieds ambulacraires pour permettre à l'animal de se déplacer.

Face inférieure d'une
Marthasterias glacialis

Piquant

Pied ambulacraire

Bouche

LA CULBUTE
Au toucher, les étoiles de mer sont rigides et résistantes. Cependant, la souplesse de leurs bras apparaît quand une vague les renverse : l'extrémité se replie vers le bas, les petits tubes ambulacraires s'accrochent au rocher et, lentement, l'animal se redresse.

Algues poussant sur la coquille d'une bernique

Bouche

Branchies

Tentacule photosensible (sensible à la lumière)

Pied

Pied vert de la bernique commune

Manteau

Pied orange de Patella aspera

L'INDÉLOGEABLE BERNIQUE
On ne peut décoller la bernique commune que si on la prend par surprise, avant que son pied musculeux n'adhère à la pierre. Chaque bernique a un domicile; avec le bord de sa coquille elle s'est creusé un trou de faible profondeur dans le rocher, qui lui assure une plus grande sécurité.

Bernique commune
vue de dessous

UN SIGNE DISTINCTIF
La bernique commune, *Patella vulgata*, se distingue de la bernique *Patella aspera* (à droite) par son pied vert, si on parvient à la déloger du rocher.

LE VOYAGE DE LA BERNIQUE
Pour brouter les algues des rochers, les berniques peuvent s'éloigner jusqu'à plus d'un mètre de leur «domicile».

PLANTES ET ANIMAUX COHABITENT DANS LES MARES

Une mare au milieu des rochers constitue un monde en miniature, un habitat spécialisé dans lequel plantes et animaux cohabitent. Une grande variété de végétaux y prospère, depuis le film des algues microscopiques qui recouvre presque toutes les surfaces dénudées, jusqu'aux grandes algues comme les varechs. Ces plantes utilisent l'énergie solaire et extraient les substances nutritives de l'eau de mer. Elles constituent la nourriture des gibbules, des berniques et autres herbivores. Étoiles de mer, petits poissons et mollusques carnivores mangent les herbivores, tandis que les crabes, les crevettes et autres détritivores se nourrissent de débris végétaux et animaux. Les filtreurs comme les balanes et les moules consomment des particules en suspension dans l'eau de mer : minuscules animaux, ou morceaux d'organismes morts.

DES CORDONS D'ŒUFS
Les aplysies, ou «lièvres de mer», gagnent le rivage au printemps et en été pour brouter sur les algues et déposer leurs œufs de couleur rose-pourpre, disposés en cordons.

L'ÉTUDE DE LA NATURE
Les naturalistes ont toujours été fascinés par les mares qui se forment dans les zones rocheuses. Le grand naturaliste anglais du XIXᵉ siècle, Philip Gosse, a étudié la vie sur les rivages du Devon, dans le sud-ouest de l'Angleterre. Son fils Edmond a décrit comment son père «s'avançait dans l'eau d'une grande mare jusqu'à la poitrine et examinait la surface vermoulue des roches [...] dans laquelle se cachait une merveilleuse profusion de formes animales et végétales».

LES LIMACES DE MER
Parfois les mares contiennent des animaux qui ressemblent aux limaces, comme cette *Hyselodoris* de Guam, dans le Pacifique. En raison de leurs branchies plumeuses qui absorbent l'oxygène dissous dans l'eau de mer, ces mollusques sans coquille sont appelés nudibranches, ce qui signifie «branchies nues».

UN SEMBLANT DE COQUILLE
L'aplysie n'est pas une véritable «limace de mer» puisqu'elle a une coquille mince et flexible cachée dans les replis de son dos.

DES CELLULES RECYCLÉES
Certains nudibranches sont pourvus de cellules urticantes provenant des anémones de mer qu'ils ont mangées.

UN MANGEUR D'ÉPONGES
Archidoris pseudoargus a un corps jaunâtre. Il mange l'éponge *Halichondria panicea* (p. 19).

UN SIGNAL VOYANT
Les couleurs brillantes de nombreux nudibranches signalent leur goût exécrable aux nombreux prédateurs.

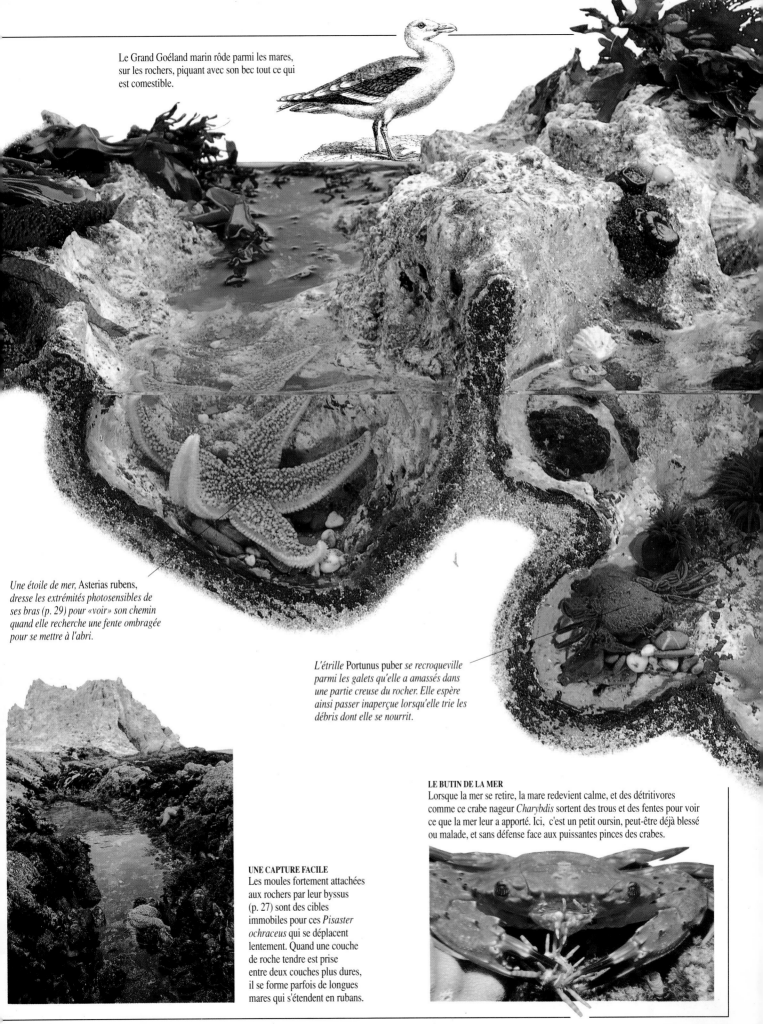

Le Grand Goéland marin rôde parmi les mares, sur les rochers, piquant avec son bec tout ce qui est comestible.

Une étoile de mer, Asterias rubens, *dresse les extrémités photosensibles de ses bras (p. 29) pour «voir» son chemin quand elle recherche une fente ombragée pour se mettre à l'abri.*

L'étrille Portunus puber *se recroqueville parmi les galets qu'elle a amassés dans une partie creuse du rocher. Elle espère ainsi passer inaperçue lorsqu'elle trie les débris dont elle se nourrit.*

LE BUTIN DE LA MER
Lorsque la mer se retire, la mare redevient calme, et des détritivores comme ce crabe nageur *Charybdis* sortent des trous et des fentes pour voir ce que la mer leur a apporté. Ici, c'est un petit oursin, peut-être déjà blessé ou malade, et sans défense face aux puissantes pinces des crabes.

UNE CAPTURE FACILE
Les moules fortement attachées aux rochers par leur byssus (p. 27) sont des cibles immobiles pour ces *Pisaster ochraceus* qui se déplacent lentement. Quand une couche de roche tendre est prise entre deux couches plus dures, il se forme parfois de longues mares qui s'étendent en rubans.

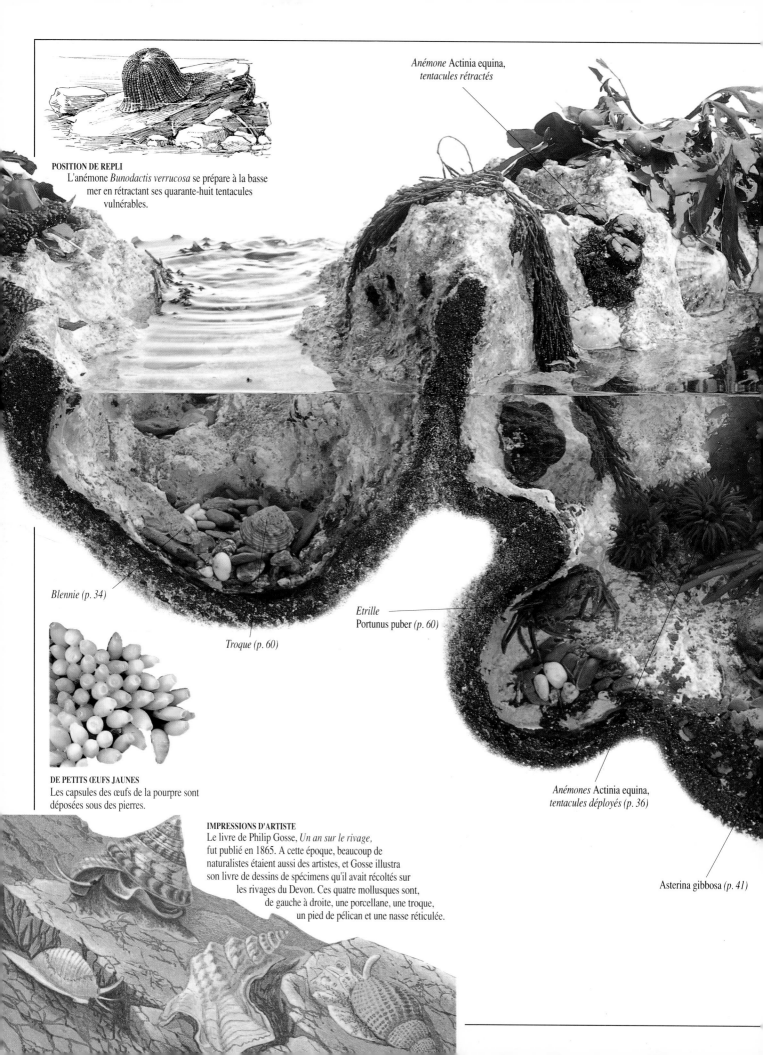

POSITION DE REPLI
L'anémone *Bunodactis verrucosa* se prépare à la basse mer en rétractant ses quarante-huit tentacules vulnérables.

Anémone Actinia equina, *tentacules rétractés*

Blennie (p. 34)

Troque (p. 60)

DE PETITS ŒUFS JAUNES
Les capsules des œufs de la pourpre sont déposées sous des pierres.

Etrille
Portunus puber *(p. 60)*

Anémones Actinia equina, *tentacules déployés (p. 36)*

Asterina gibbosa *(p. 41)*

IMPRESSIONS D'ARTISTE
Le livre de Philip Gosse, *Un an sur le rivage,* fut publié en 1865. A cette époque, beaucoup de naturalistes étaient aussi des artistes, et Gosse illustra son livre de dessins de spécimens qu'il avait récoltés sur les rivages du Devon. Ces quatre mollusques sont, de gauche à droite, une porcellane, une troque, un pied de pélican et une nasse réticulée.

Varech Fucus serratus (p. 20)

Gibbule (p. 28)

Patelle commune ou bernique (p. 29)

Bifurcaria (p. 18)

Oursin (p. 50)

Eponge
Halichondria
panicea (p. 19)

Anemonia
sulcata (p. 39)

Algue calcaire
incrustante (p. 19)

Crevette ou bouquet (p. 39)

CREVETTES
Les crevettes sont des crustacés à dix
appendices qui vivent dans les mares
rocheuses et parmi les algues, comme le
bouquet, ou sur les grèves de sable, comme la
crevette grise.

IL EST BIEN DIFFICILE DE SURVIVRE À MARÉE BASSE

La vie est pleine de dangers pour les petits animaux comme les minuscules poissons qui vivent dans les mares des zones rocheuses. Lorsqu'il pleut beaucoup, l'eau de mer qui stagne dans une mare se dilue et, pendant quelques heures, les poissons (et les autres habitants de la mare) doivent adapter leur milieu interne à une salinité plus faible. La marée descendante les abandonne parfois dans une flaque peu profonde, les obligeant à se glisser à travers les rochers pour trouver une mare. En une heure, le soleil peut transformer une mare froide en un bain chaud, contraignant les animaux à quitter l'eau pour se réfugier sous un rocher frais et humide. A marée basse, les goélands mangeront les habitants de la mare avant que la marée montante ne fasse rouler des pierres qui écrasent les petites créatures. Les poissons prédateurs constituent aussi une menace permanente : congres dissimulés dans des fentes, bars affamés arrivant avec la marée pour attraper tous les traînards. Les poissons présentés ici doivent être suffisamment résistants pour survivre malgré les agressions physiques.

LES PIEDS DES GÉANTS
Beaucoup de poissons littoraux sont tellement bien camouflés que les promeneurs ne les voient pas : ils doivent s'écarter rapidement pour éviter un pied menaçant.

LES GOBIES DE SABLE
La famille des gobies regroupe environ 1500 espèces pour la plupart petites, aplaties latéralement, et résistantes. Les gobies de sable s'enfoncent dans le sable à petits coups de nageoires.

DOMICILE DANS UN TROU
La blennie pholis est un des poissons les plus communs des mares des mers tempérées. Comme beaucoup de ses voisins, elle a élu domicile sous les pierres ou dans les fentes des rochers, écartant, par les glissements de son corps, les fragments d'algues et de rochers.

Echancrure caractéristique au milieu de la nageoire dorsale

Taches noires à la base de la nageoire dorsale

UN SIGNE DISTINCTIF
La gonelle a une rangée de taches caractéristiques sur le dos. Elle vit dans l'Atlantique Nord, des Etats-Unis jusqu'en Europe.

VUS D'EN HAUT
Certains poissons littoraux ont les yeux situés sur le haut de la tête. Cela leur permet de voir venir les prédateurs qui arrivent au-dessus d'eux, comme les oiseaux de mer.

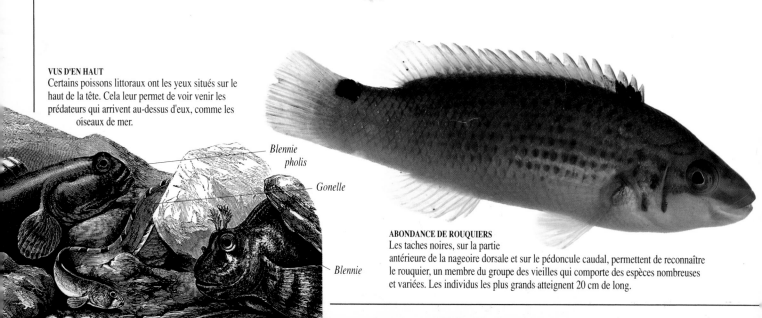

Blennie pholis

Gonelle

Blennie

ABONDANCE DE ROUQUIERS
Les taches noires, sur la partie antérieure de la nageoire dorsale et sur le pédoncule caudal, permettent de reconnaître le rouquier, un membre du groupe des vieilles qui comporte des espèces nombreuses et variées. Les individus les plus grands atteignent 20 cm de long.

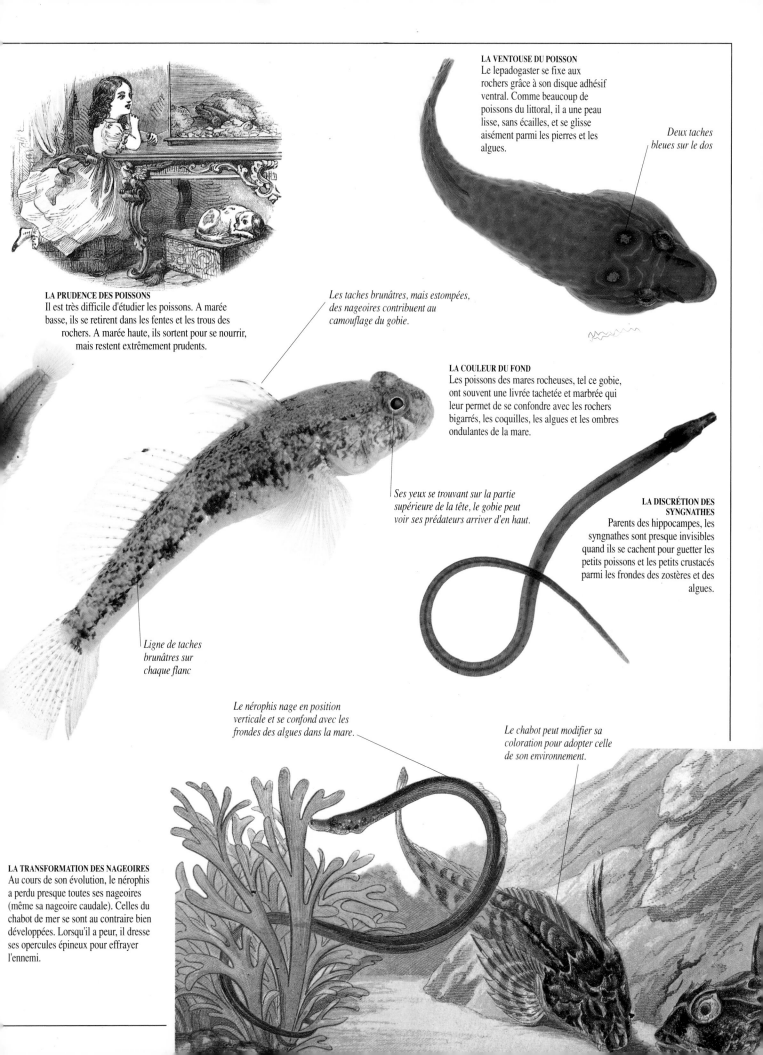

LA VENTOUSE DU POISSON
Le lepadogaster se fixe aux rochers grâce à son disque adhésif ventral. Comme beaucoup de poissons du littoral, il a une peau lisse, sans écailles, et se glisse aisément parmi les pierres et les algues.

Deux taches bleues sur le dos

LA PRUDENCE DES POISSONS
Il est très difficile d'étudier les poissons. A marée basse, ils se retirent dans les fentes et les trous des rochers. A marée haute, ils sortent pour se nourrir, mais restent extrêmement prudents.

Les taches brunâtres, mais estompées, des nageoires contribuent au camouflage du gobie.

LA COULEUR DU FOND
Les poissons des mares rocheuses, tel ce gobie, ont souvent une livrée tachetée et marbrée qui leur permet de se confondre avec les rochers bigarrés, les coquilles, les algues et les ombres ondulantes de la mare.

Ses yeux se trouvant sur la partie supérieure de la tête, le gobie peut voir ses prédateurs arriver d'en haut.

LA DISCRÉTION DES SYNGNATHES
Parents des hippocampes, les syngnathes sont presque invisibles quand ils se cachent pour guetter les petits poissons et les petits crustacés parmi les frondes des zostères et des algues.

Ligne de taches brunâtres sur chaque flanc

Le nérophis nage en position verticale et se confond avec les frondes des algues dans la mare.

Le chabot peut modifier sa coloration pour adopter celle de son environnement.

LA TRANSFORMATION DES NAGEOIRES
Au cours de son évolution, le nérophis a perdu presque toutes ses nageoires (même sa nageoire caudale). Celles du chabot de mer se sont au contraire bien développées. Lorsqu'il a peur, il dresse ses opercules épineux pour effrayer l'ennemi.

CES ANÉMONES ONT DE QUOI SURPRENDRE

Les anémones de mer, ou actinies, sont les «fleurs» les plus surprenantes du rivage. Ce ne sont pas des fleurs mais des animaux au corps creux et gluant. Elles appartiennent au groupe des cœlentérés, ou cnidaires, qui comprend les méduses et les coraux. Leurs «pétales» sont des tentacules armés de cellules urticantes qui empoisonnent leur proie avant de l'avaler (p. 39). Elles ont des couleurs variées, du rose saumon au vert émeraude ou au noir de jais. Nombre d'entre elles se déplacent en faisant glisser leur base musculeuse à la surface des rochers. Certaines espèces s'enterrent dans le sable et les graviers, d'autres logent leur corps dans les crevasses des rochers de telle sorte que seuls leurs tentacules apparaissent. Lorsque la marée descend, la plupart des anémones de mer qui vivent sur le rivage rétractent leurs tentacules, pour éviter le dessèchement, et prennent l'apparence de boules gélatineuses.

DES ONDULATIONS MENAÇANTES
Belles mais mortelles : les tentacules ondulants d'une colonie d'anémones de mer sont, pour les petites créatures marines, une forêt pleine de dangers.

Coquille Saint-Jacques

Bouche au centre du corps

DES FEUX TRICOLORES
Les *Actinia equina* ont des couleurs variées. Quand la mer se retire, elles rétractent leurs tentacules et prennent l'aspect de boules vineuses. Quand elles ont fini de grandir, elles ont environ deux cents tentacules.

LES POLYCHÈTES
On confond parfois les polychètes avec les anémones de mer, mais les premières appartiennent à un groupe différent, les annélides (qui comprennent les vers de terre). Les tentacules du ver filtrent l'eau pour recueillir les particules en suspension mais, rapides comme l'éclair, elles se rétractent dans le tube si un danger les menace.

DES VERRUES
Le corps de cette anémone *Bunodactis verrucosa* présente des protubérances semblables à des verrues, qui lui valent son nom. Elles sont visibles sur l'animal rétracté de la page suivante.

Algue calcaire encroûtante sur un rocher

DES TENTACULES PLUMEUSES
La *Metridium senile* brune, rougeâtre ou blanche peut atteindre 30 cm de haut. Ses tentacules à l'aspect plumeux saisissent de très petits morceaux de nourriture et les transportent vers la bouche grâce aux mouvements de minuscules cils.

UN CORPS TUBULAIRE
Cette vue latérale d'une *Actinia equina* grisâtre permet de voir le corps tubulaire à l'éclat iridescent autour de sa base. Ces anémones de mer peuvent survivre hors de l'eau un certain temps et se trouvent donc assez haut sur le rivage.

Tentacules blancs comme neige et corps brun
d'une Actinia equina

Caryophyllia *avec ses*
tentacules déployés

Squelette calcaire d'un
Caryophyllia *mort*

UN CORAIL SOLITAIRE
Animaux semblables aux
anémones de mer, les coraux
appartiennent aussi au groupe
des cœlentérés.Ce *Caryophyllia*
est solitaire, à la différence de ses cousins qui
construisent des récifs dans les mers
tropicales.

DE TOUTES LES COULEURS
Les *Anemonia sulcata* ont des
couleurs qui vont du gris, tacheté de
délicats roses ou verts, jusqu'au vert
sombre. Chez cette espèce, les tentacules
aux extrémités rose sombre ne se rétractent pas,
même quand l'animal est hors de l'eau.

Vue latérale d'un
Caryophyllia *mort*

Les «verrues»
de cette
Bunodactis
verrucosa *sont*
bien visibles
sur cette
anémone.

UNE GÉANTE
Les plus grandes anémones peuvent
atteindre des diamètres supérieurs à 1 m.

Filaments
(aconties) de
cellules
urticantes

DES PETITS
FANTÔMES
On trouve beaucoup
d'espèces différentes de
ces petites anémones
encroûtantes, blanches
comme des fantômes;
elles recouvrent les surfaces
rocheuses du littoral.

DES FILAMENTS URTICANTS
Sagartia elegans (ici la forme *rosea*),
très colorée, est une des espèces qui
projettent des groupes de pâles filaments de cellules
urticants dans sa cavité buccale, ou à travers les
interstices de son corps, pour se défendre ou pour capturer sa
nourriture. Ces filaments font partie de son tube digestif.

DES ÉVENTAILS MINIATURES
Certaines polychètes (voir
page précédente) vivent à l'intérieur
de tubes protecteurs calcaires. Quelques
espèces restent enfouies dans la vase, d'autres,
comme ici, se fixent aux rochers.

Restes encroûtés des
plaques d'une balane

Restes d'un tube de ver calcaire, enroulé

LES CŒLENTÉRÉS SONT DANGEREUX

Les cœlentérés (méduses, anémones et coraux) sont des animaux sans cerveau et sans organes des sens aussi complexes que les yeux ou les oreilles. Se déplaçant lentement, ils ne peuvent ni échapper aux prédateurs, ni poursuivre des proies. Les petites cellules urticantes de leurs tentacules constituent leur meilleure arme. À l'intérieur de chacune de ces cellules se trouve une capsule, appelée nématocyste, qui contient un long filament enroulé. Chez certaines espèces, il est barbelé; chez d'autres, il contient du poison. Stimulé par un attouchement ou par certaines substances chimiques, le filament se déroule hors de la cellule, puis les barbules se fixent sur la proie,

Anemonia sulcata
grise

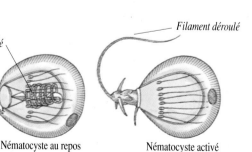

ou bien le venin est injecté. L'animal entraîne alors la victime dans sa cavité digestive. Quelques méduses ont un poison extrêmement puissant, parfois très douloureux pour les baigneurs, et leurs nématocystes demeurent actifs un certain temps après que l'animal s'est échoué sur le rivage, et même après sa mort. La plus connue est la physalie, ou «bateau de guerre portugais», qui n'est pas une vraie méduse, mais une colonie de petits cœlentérés. Certaines méduses des eaux tropicales ont des tentacules de dix mètres de long et leurs piqûres sont mortelles pour l'homme.

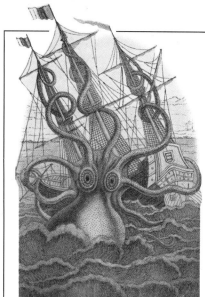

LE KRAKEN
Le kraken est un monstre marin des légendes norvégiennes, qui ne fait qu'une bouchée des navires et de leurs équipages. Comme souvent, les légendes ont une base réelle. Le kraken ressemble au calmar, qui est un mollusque. On connaît, dans l'océan Atlantique, des calmars géants atteignant, tentacules compris, 15 m de long et pesant 2 tonnes; leurs restes sont parfois rejetés sur le rivage (p. 56).

Bouquet

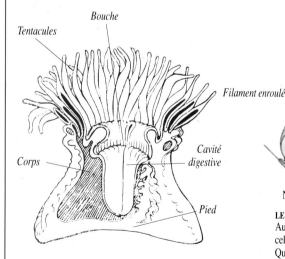

Bouche

Tentacules

Cavité digestive

Corps

Pied

L'INTÉRIEUR D'UNE ANÉMONE
Les anémones et les autres cœlentérés ont une structure simple: une couronne de tentacules entoure la bouche qui est prolongée par la cavité digestive. Elles poussent leur proie dans cette cavité, la digèrent et l'absorbent, puis rejettent quelques restes par la bouche.

Filament enroulé

Filament déroulé

Nématocyste au repos

Nématocyste activé

LE FILAMENT URTICANT
Au microscope, il est possible de voir les petites cellules urticantes des tentacules de cœlentérés. Quand la cellule est excitée, sa pression interne augmente rapidement, forçant le filament à sortir.

UNE CREVETTE POUR REPAS
Cette *Anemonia sulcata* est en train de capturer une crevette et de l'attirer vers sa bouche. Les cellules urticantes des tentacules permettent de maîtriser la proie et de la paralyser. Quand la crevette est entraînée dans l'estomac de l'anémone, les tentacules y laissent de nombreuses cellules urticantes.

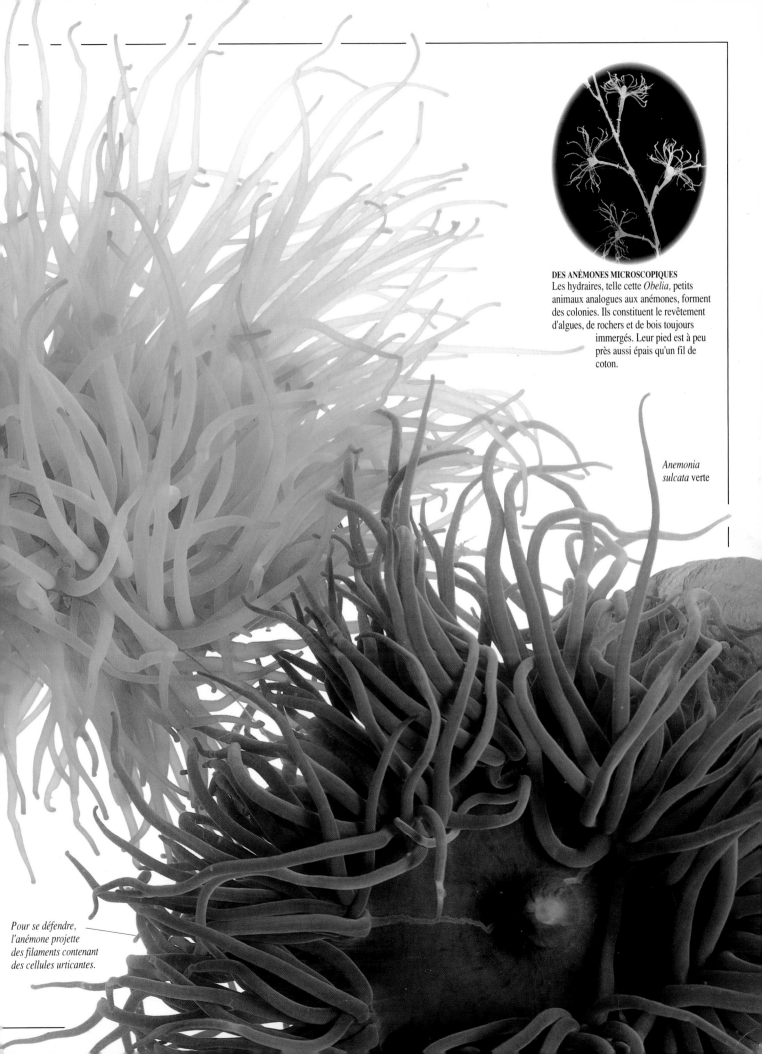

DES ANÉMONES MICROSCOPIQUES
Les hydraires, telle cette *Obelia*, petits
animaux analogues aux anémones, forment
des colonies. Ils constituent le revêtement
d'algues, de rochers et de bois toujours
immergés. Leur pied est à peu
près aussi épais qu'un fil de
coton.

*Anemonia
sulcata* verte

*Pour se défendre,
l'anémone projette
des filaments contenant
des cellules urticantes.*

LES ÉTOILES DE MER N'ONT NI QUEUE NI TÊTE

Sur presque tous les rivages, on trouvera ici ou là une étoile de mer et probablement quelques-uns de ses parents comme les oursins et les holothuries. Ces animaux, qui appartiennent au groupe des échinodermes, ce qui signifie «peau avec des piquants», existent depuis environ cinq cents millions d'années. Les étoiles de mer n'ont pas de piquants et sont protégées par un squelette externe (exosquelette), constitué de fortes plaques calcaires disposées sous une peau coriace. Bien que l'on en dénombre plus de 6000 espèces – 2000 de plus que chez les mammifères –, les échinodermes sont peu connus car ils vivent en profondeur. Ces animaux étranges, dont le corps est fait de «bras» qui rayonnent autour d'un point central, n'ont ni queue ni tête : lorsqu'une étoile de mer se déplace, soit pour suivre la mer qui se retire, soit pour trouver un endroit frais à l'abri du soleil, n'importe lequel de ses bras peut se trouver en avant.

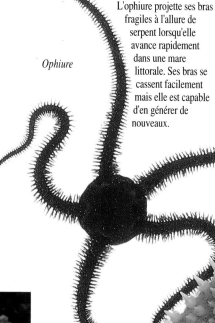

Les extrémités des bras sont sensibles à la lumière.

Marthasterias glacialis

UN ÉPINEUX PROBLÈME
Cette étoile de mer se nourrit de corail. De temps à autre, elle prolifère de façon dramatique, causant par endroits beaucoup de dégâts à la Grande Barrière de corail australienne. On ne sait pas s'il s'agit d'un cycle naturel ou du résultat de la pollution.

DES CONCOMBRES DE MER
Les rayons du soleil qui pénètrent dans cette mare rocheuse éclairent une étoile de mer. Cette holothurie (en haut à droite) est appelée parfois concombre de mer. Les bras de cette parente des étoiles de mer sont des tentacules qui entourent l'orifice buccal.

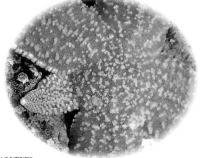

DES BRAS NEUFS
Chez l'étoile de mer, les bras peuvent repousser. Si elle perd un bras, soit qu'un galet déplacé par les vagues l'ait broyé, soit qu'un prédateur l'ait abîmé, un nouveau se développe à condition que le disque central reste intact.

Ophiure

UNE ALLURE SERPENTINE
L'ophiure projette ses bras fragiles à l'allure de serpent lorsqu'elle avance rapidement dans une mare littorale. Ses bras se cassent facilement mais elle est capable d'en générer de nouveaux.

Henricia oculata

UNE DÉVOREUSE
L'étoile de mer commune, *Asterias rubens*, se nourrit de mollusques comme les moules. Elle s'enroule autour de sa victime, l'étreint avec ses tubes ambulacraires et écarte les deux valves de la coquille avant d'injecter son estomac dans la moule dont elle digère les parties molles.

UNE COULEUR SANGUINE
Henricia oculata, rencontrée occasionnellement sur les rivages rocheux, a un corps rouge vif.

COUVERTE D'ÉPINES
Marthasterias glacialis, rigide et musclée, est une des plus grandes espèces d'étoiles de mer de la zone littorale. Chaque épine calcaire est entourée de petits organes en forme de pinces (les pédicellaires), que l'étoile de mer utilise pour se débarrasser des parasites et des débris. Elle se nourrit de mollusques bivalves.

Etoile de mer
commune,
Asterias rubens

LE BESOIN D'EAU
La plupart des étoiles de mer vivent sur le
rivage ou en eau profonde. Celles qui viennent
s'échouer lors des tempêtes ne peuvent survivre
jusqu'au retour de la mer.

UNE PETITE ÉTOILE AFFAMÉE
Les *Asterina gibbosa* ne sont pas moins carnivores
que leurs cousines et dévorent des petits mollusques,
des ophiures et des vers.

DE TOUTES LES COULEURS
Les étoiles de mer communes,
Asterias rubens, sont le plus
souvent orange, mais
certaines sont brunes,
rouges ou même
pourpres.

Anseropoda placenta (à droite)

*Crossaster
papposus*
(ci-dessous)

UNE APPARENCE TROMPEUSE
Bien que *Anseropoda placenta* (à l'extrême droite)
ait l'air d'un morceau de taffetas, c'est un prédateur
actif qui mange des crustacés, des mollusques et
d'autres étoiles de mer.

UN CRACHAT D'AMIRAL
Crossaster papposus, appelée parfois
«crachat d'amiral» par référence aux
insignes de décoration, a douze bras, mais
les individus à huit ou treize bras ne sont
pas rares. Comme l'*Anseropoda placenta*,
elle mange d'autres échinodermes, telle
l'étoile de mer commune.

ILS PERFORENT ET CREUSENT POUR S'ABRITER

À la fin des années vingt, on éleva des poutrelles et des piles en acier sur les côtes de Californie pour construire un quai. Environ vingt ans plus tard, l'acier épais était criblé de multiples trous. Le coupable était l'oursin nord-américain *Arbacia punctulata*. Cet animal, comme beaucoup d'autres bêtes du littoral, se protège des vagues, des prédateurs, du soleil et du froid en forant des trous. Le sable et la vase, plus faciles à attaquer, contiennent de nombreux animaux comme les coques, les myes, les tellines, les couteaux (ces derniers ont la réputation de s'enfoncer aussi loin que l'homme peut creuser pour les prendre). Cependant on trouve des animaux enfouis même sur les côtes rocheuses : ils ont foré leur chemin dans le rocher en le grattant et le dissolvant. Ce sont les pholades qui, lorsque la surface de leur coquille s'est usée en perçant les rochers, la recouvrent d'une nouvelle couche de substance calcaire dure. Les tarets, mollusques bivalves (p. 26) percent de longs trous dans des pièces de bois qui échouent ensuite sur les côtes.

DES TROUS DANS LE ROCHER

L'oursin *Paracentrotus lividus* a creusé de nombreux trous sur cette section de côte calcaire du sud-ouest de l'Irlande. Les trous inhabités contiennent des galets qui les approfondissent en tournoyant sous l'effet de la mer. Ainsi oursins et mollusques contribuent-ils à l'érosion du rivage.

Lithophages dans du calcaire

MANGEUR DE ROCHE

Le lithophage méditerranéen est l'un des mollusques capables de s'introduire dans les roches solides. Ici, les deux petits individus ont creusé dans le calcaire, tandis que le grand (à gauche) présente les stries de croissance typiques de nombreux mollusques bivalves. Le lithophage sécrète des substances chimiques qui attaquent le rocher, alors que la pholade, dont le nom signifie «mangeur de roche», exerce une abrasion mécanique.

Stries de croissance

UNE MAISON

Pour protéger leur corps mou, de nombreuses espèces de vers marins s'entourent d'un tube qu'ils fabriquent par sécrétion. Les *Terebellidae* (à gauche) saisissent avec leurs tentacules de petites particules qu'ils assemblent avec une sécrétion gluante. Les *Serpulidae* (au centre) se fabriquent un tube calcaire en forme de trompette. Les *Sabellidae* (à droite) font des tubes qui sortent du sable sur la partie inférieure du rivage.

Tentacules plumeux saisissant de la nourriture

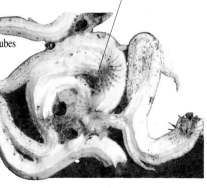

DES TUBES TRIANGULAIRES

Pomatoceros triqueter est un autre type de ver marin qui fabrique des tubes calcaires présentant une section triangulaire. Ses tentacules plumeux saisissent les petites particules de nourriture en suspension dans l'eau de mer.

Pholade dans un rocher

DES FOREURS

L'activité de la pholade évoque celle des puissants engins de forage des pétroliers : ce mollusque tourne et retourne les deux valves de sa coquille; deux longs tubes, les siphons, s'allongent dans le tube jusqu'à son ouverture; l'eau de mer, qui fournit à l'animal oxygène et nourriture, est aspirée par un des siphons, tandis que les déchets et les débris de roche sont rejetés par l'autre.

PRISONNIER DE LA ROCHE
Plusieurs espèces d'oursins sont capables de creuser le rocher et certains peuvent même y disparaître complètement. *Paracentrotus lividus* remue ses fortes et solides épines en un mouvement de va-et-vient, et creuse peu à peu son chemin dans le roc qu'il use également avec ses dents. Quand il grandit et qu'il s'enfonce, il lui arrive de ne plus pouvoir sortir de son tunnel et de devoir capturer la nourriture à l'aide de ses pieds ambulacraires (p. 28).

Test (squelette)

Oursins à l'abri dans des «niches» creusées dans le roc

Les épines sont violettes chez l'animal vivant.

UN OURSIN MINEUR
L'oursin américain *Arbacia punctulata* vit à l'étage infralittoral, en eau peu profonde. Au-dessus du niveau des basses mers, il se creuse un domicile dans le rocher.

Trous dans lesquels les pores qui servent à la respiration et à l'alimentation sont visibles (p. 19)

Forage d'une Cliona celata

Coquille d'huître

UNE ÉPONGE ACTIVE
L'éponge *Cliona celata* fore un réseau de canaux compliqué dans le calcaire, ou dans les épaisses coquilles des mollusques, en dissolvant la substance minérale grâce à une sécrétion acide. Elle introduit dans les canaux des petits morceaux de son corps, qui ressortent soit par un large trou (pore) par lequel l'eau de mer est rejetée, soit par de nombreux petits trous à travers lesquels l'eau pénètre (p. 19).

43

LES CRUSTACÉS ONT LA PEAU DURE

Les crabes, les crevettes et les homards, qui figurent parmi les espèces les plus étranges du rivage, appartiennent au grand groupe des crustacés. Tout comme les insectes fourmillent sur la terre, les crustacés abondent dans la mer. En règle générale, ces derniers, qui sont des arthropodes, ont des membres articulés (jusqu'à dix-sept paires chez certaines espèces), deux paires d'antennes et une carapace rigide qui entoure et protège la plus grande partie de leur corps. Mais on en observe un grand nombre de variétés, depuis les créatures microscopiques, qui constituent une grande partie du plancton, jusqu'aux araignées (crabes) géantes du Japon, de plus de 3,50 mètres d'envergure. Parmi les crustacés les plus surprenants, figurent les balanes (cirripèdes), qui commencent leur vie sous

LA PÊCHE AU CRABE
L'homme a, depuis longtemps, pêché le crabe pour s'en nourrir. Des morceaux de chair pourrie sont placés dans des casiers, comme appâts; une fois que le crabe a pénétré dans le casier, il ne peut plus en sortir. Les crabes sont également mangés par les oiseaux et les mammifères du littoral, par des poissons comme le bar et par les pieuvres.

la forme d'une minuscule larve. Certaines espèces se fixent sur le rivage, collent leur tête sur le rocher, sécrètent des plaques autour de leur corps et utilisent leurs six paires d'appendices pour amener la nourriture à leur bouche! Les crustacés les plus connus sont les décapodes : crabes, homards, langoustes, bernard-l'ermite, crevettes. Décapode signifie «dix pattes» : ces animaux possèdent en effet dix appendices principaux, dont quatre paires sont destinées à la marche ou à la nage, la cinquième ayant la forme de pinces pour saisir.

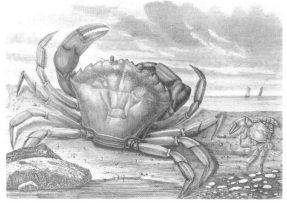

Ce crabe pugnace dresse ses pinces vers le haut pour se défendre; on l'appelle crabe enragé.

UN GUERRIER BLESSÉ
Ce crabe du littoral a perdu un de ses membres. Le puissant bec d'un goéland, ou une pierre roulée par les vagues, l'a amputé de sa première patte droite. Ces accidents surviennent fréquemment sur les rivages rocheux. Mais cet individu, qui n'en a pas moins conservé toute sa combativité, prend une grande variété de postures : la prudence (ci-dessous), l'attaque feinte, puis la défense rampante, enfin un demi-tour pour la retraite finale.

UN TAPIS ROUGE
Sur certaines parties des îles Galapagos, au large de la côte de l'Equateur, des crabes couvrent les rochers sur lesquels les vagues se brisent, comme un mouvant tapis rouge. Cette espèce a des membres d'un rouge lumineux et une face inférieure bleu ciel.

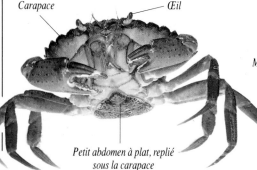

Carapace   *Œil*

Moignon d'un membre perdu

Quatre paires de pattes marcheuses

Petit abdomen à plat, replié sous la carapace

Pinces brandies en une attaque feinte

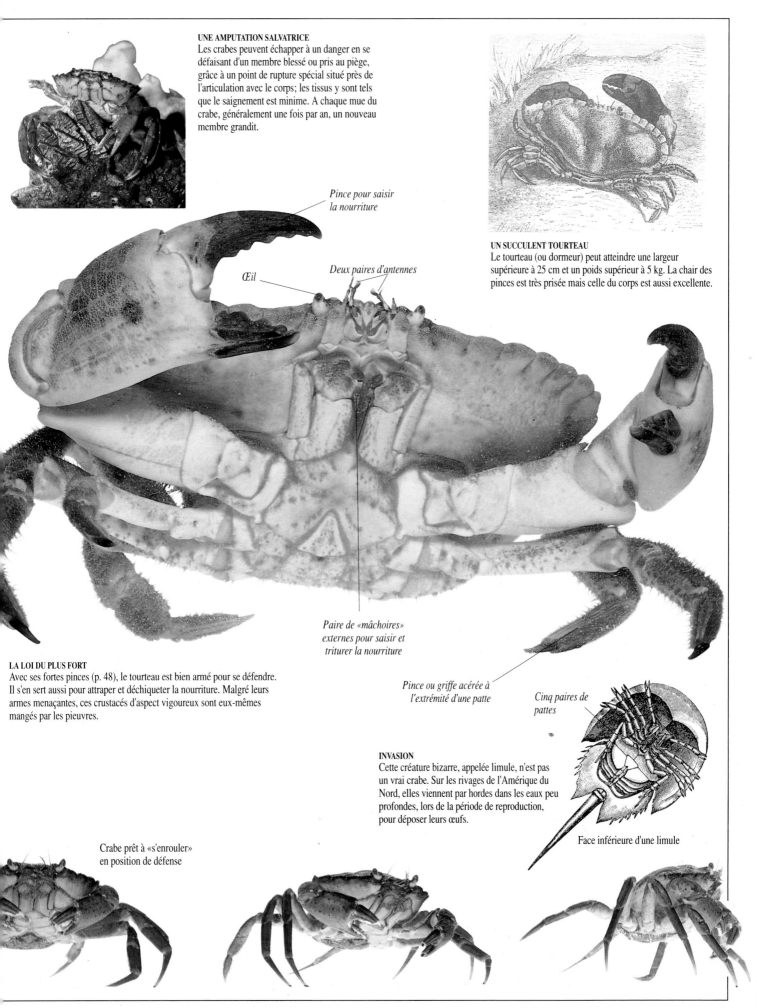

UNE AMPUTATION SALVATRICE
Les crabes peuvent échapper à un danger en se défaisant d'un membre blessé ou pris au piège, grâce à un point de rupture spécial situé près de l'articulation avec le corps; les tissus y sont tels que le saignement est minime. A chaque mue du crabe, généralement une fois par an, un nouveau membre grandit.

Pince pour saisir
la nourriture

Œil

Deux paires d'antennes

UN SUCCULENT TOURTEAU
Le tourteau (ou dormeur) peut atteindre une largeur supérieure à 25 cm et un poids supérieur à 5 kg. La chair des pinces est très prisée mais celle du corps est aussi excellente.

Paire de «mâchoires»
externes pour saisir et
triturer la nourriture

LA LOI DU PLUS FORT
Avec ses fortes pinces (p. 48), le tourteau est bien armé pour se défendre. Il s'en sert aussi pour attraper et déchiqueter la nourriture. Malgré leurs armes menaçantes, ces crustacés d'aspect vigoureux sont eux-mêmes mangés par les pieuvres.

Pince ou griffe acérée à
l'extrémité d'une patte

Cinq paires de
pattes

INVASION
Cette créature bizarre, appelée limule, n'est pas un vrai crabe. Sur les rivages de l'Amérique du Nord, elles viennent par hordes dans les eaux peu profondes, lors de la période de reproduction, pour déposer leurs œufs.

Face inférieure d'une limule

Crabe prêt à «s'enrouler»
en position de défense

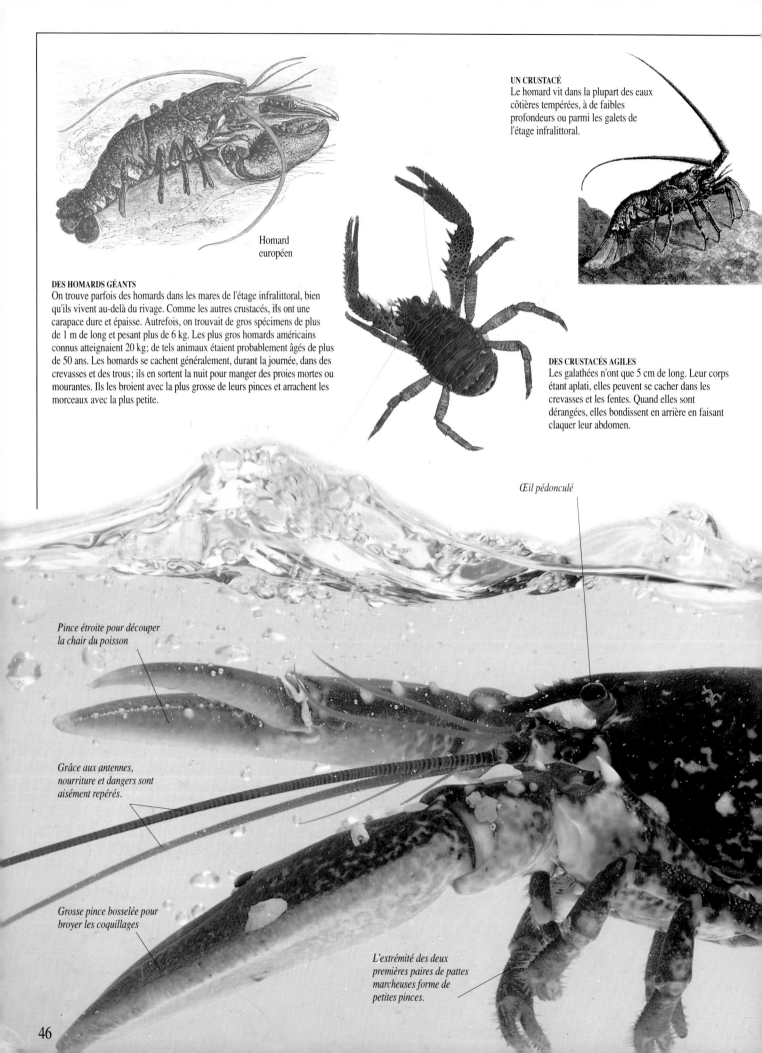

Homard
européen

UN CRUSTACÉ
Le homard vit dans la plupart des eaux
côtières tempérées, à de faibles
profondeurs ou parmi les galets de
l'étage infralittoral.

DES HOMARDS GÉANTS
On trouve parfois des homards dans les mares de l'étage infralittoral, bien
qu'ils vivent au-delà du rivage. Comme les autres crustacés, ils ont une
carapace dure et épaisse. Autrefois, on trouvait de gros spécimens de plus
de 1 m de long et pesant plus de 6 kg. Les plus gros homards américains
connus atteignaient 20 kg; de tels animaux étaient probablement âgés de plus
de 50 ans. Les homards se cachent généralement, durant la journée, dans des
crevasses et des trous; ils en sortent la nuit pour manger des proies mortes ou
mourantes. Ils les broient avec la plus grosse de leurs pinces et arrachent les
morceaux avec la plus petite.

DES CRUSTACÉS AGILES
Les galathées n'ont que 5 cm de long. Leur corps
étant aplati, elles peuvent se cacher dans les
crevasses et les fentes. Quand elles sont
dérangées, elles bondissent en arrière en faisant
claquer leur abdomen.

Œil pédonculé

*Pince étroite pour découper
la chair du poisson*

*Grâce aux antennes,
nourriture et dangers sont
aisément repérés.*

*Grosse pince bosselée pour
broyer les coquillages*

*L'extrémité des deux
premières paires de pattes
marcheuses forme de
petites pinces.*

UN NOMADE
Ce crabe vit dans des habitats variés, fréquentant les côtes rocheuses, les fonds sableux et les éponges sur les récifs de coraux. On le trouve sur la côte est de l'Amérique du Nord.

UN CRABE DANS LE CIEL
Il avait semblé aux premiers astronomes qu'un groupe d'étoiles, observé dans le ciel de l'hémisphère Nord, dessinait la forme d'un crabe. Ils lui donnèrent le nom latin du crabe, *Cancer*. Le Cancer est aussi le quatrième signe du zodiaque, le soleil passant à son niveau entre le 21 juin et le 22 juillet.

UN AMATEUR DE CADAVRES
La plupart des crabes sont des nécrophages. Ainsi le *Xantho incisus*, qui vit dans les eaux européennes, dévore presque tout ce qui est consommable sur le fond de la mer.

Le bryozoaire Membranipora membranacea, *une colonie de petits animaux qui ressemblent aux anémones de mer (p. 25)*

Balane fixée sur le corps d'un homard

La «nageoire caudale» contribue à donner une impulsion vers l'arrière quand l'abdomen est redressé puis brutalement replié.

Queue
(abdomen)

Tube protecteur enroulé d'un petit ver marin

Les pattes natatoires, sous l'abdomen, permettent au homard de bondir et de nager lorsqu'il se déplace sur le fond.

LES ANIMAUX S'ASSOCIENT DE DIVERSES MANIÈRES

Dans le monde animal, il existe de nombreux types de relations. La chasse, par exemple, est une relation prédateur-proie. La nature n'est cependant pas toujours aussi violente. Sur le rivage, comme dans d'autres sites, cohabitent des animaux très différents. Ainsi, dans le parasitisme, deux partenaires s'associent : le parasite qui profite et l'hôte qui subit. Quelques crabes littoraux sont les hôtes de la sacculine, étrange créature proche des balanes. Elle se fixe à un jeune crabe à l'intérieur duquel elle développe des filaments pour y puiser de la nourriture; le crabe ne peut plus se reproduire. La symbiose est un type d'association dont chaque partenaire tire bénéfice. Ainsi vivent le pagure, ou bernard-l'ermite, et l'anémone *Calliactis parasitica* : quoique qualifiée de parasite, l'anémone ne semble pas nuire au bernard-l'ermite. Elle mange les particules alimentaires que le crustacé laisse échapper et le protège avec ses tentacules urticants.

LE SQUATTER

Le bernard-l'ermite n'a pas de coquille, aussi en recherche-t-il des vides pour y cacher son abdomen mou. Souvent, quand il grandit et qu'il va s'installer dans une coquille plus grande, il enlève soigneusement l'anémone de l'ancienne et la «plante» sur la nouvelle. Dans les régions tropicales, on trouve des «bernard-l'ermite» terrestres. Certaines espèces vivent dans les cavités situées entre les racines de la mangrove ou entre les tiges de bambous.

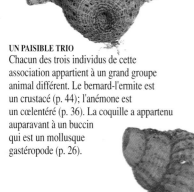

UN PAISIBLE TRIO

Chacun des trois individus de cette association appartient à un grand groupe animal différent. Le bernard-l'ermite est un crustacé (p. 44); l'anémone est un cœlentéré (p. 36). La coquille a appartenu auparavant à un buccin qui est un mollusque gastéropode (p. 26).

ARMÉ JUSQU'AUX PINCES

Ce crabe transporte dans ses pinces de petites anémones qui constituent des sortes de massues urticantes. Il les agite en direction de toute créature représentant une menace.

Tubes divers dans une coquille

UNE BARRICADE

En position de défense, le bernard-l'ermite s'enfonce dans sa coquille. Sa première paire de pattes a des pinces, la droite étant en général plus forte que la gauche; en la plaçant en travers de l'ouverture de sa coquille (ici la pince manque, arrachée par un prédateur ou écrasée par un galet), il la transforme en une barrière efficace.

UNE PROFITEUSE

Les tentacules de l'anémone s'allongent pour saisir des proies qui flottent ou qui nagent. Une *Calliactis parasitica* fixée sur la coquille d'un bernard-l'ermite s'incline et balaye les rochers à la recherche des morceaux de nourriture répandus par son hôte.

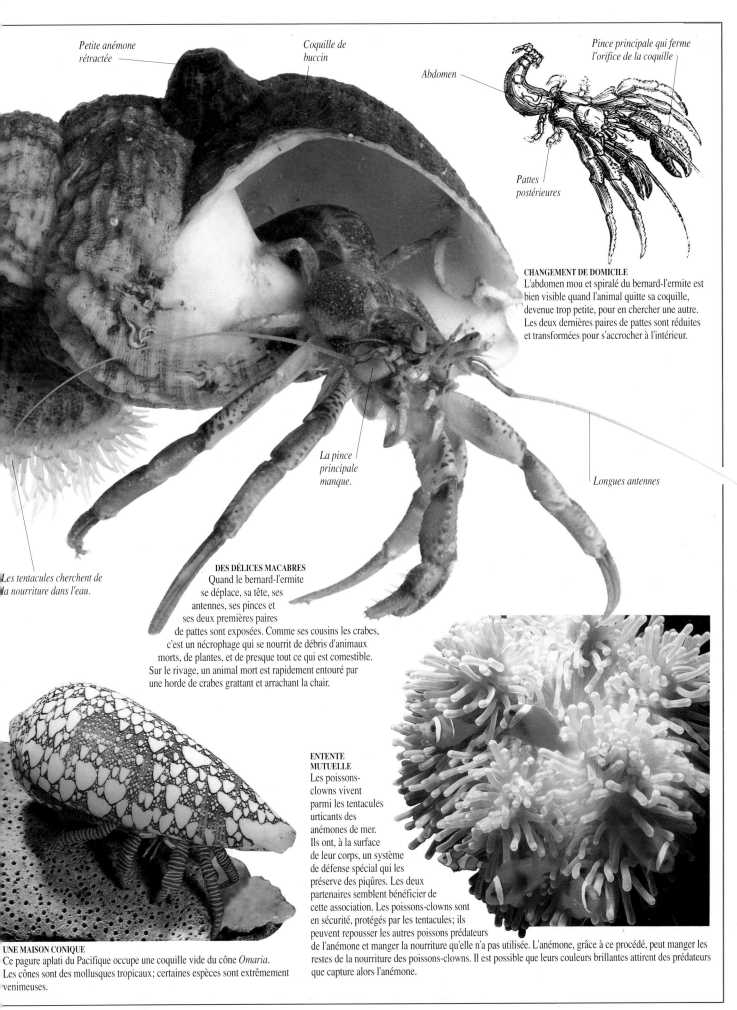

Petite anémone
rétractée

Coquille de
buccin

Abdomen

Pince principale qui ferme
l'orifice de la coquille

Pattes
postérieures

CHANGEMENT DE DOMICILE
L'abdomen mou et spiralé du bernard-l'ermite est
bien visible quand l'animal quitte sa coquille,
devenue trop petite, pour en chercher une autre.
Les deux dernières paires de pattes sont réduites
et transformées pour s'accrocher à l'intérieur.

La pince
principale
manque.

Longues antennes

*Les tentacules cherchent de
la nourriture dans l'eau.*

DES DÉLICES MACABRES
Quand le bernard-l'ermite
se déplace, sa tête, ses
antennes, ses pinces et
ses deux premières paires
de pattes sont exposées. Comme ses cousins les crabes,
c'est un nécrophage qui se nourrit de débris d'animaux
morts, de plantes, et de presque tout ce qui est comestible.
Sur le rivage, un animal mort est rapidement entouré par
une horde de crabes grattant et arrachant la chair.

**ENTENTE
MUTUELLE**
Les poissons-
clowns vivent
parmi les tentacules
urticants des
anémones de mer.
Ils ont, à la surface
de leur corps, un système
de défense spécial qui les
préserve des piqûres. Les deux
partenaires semblent bénéficier de
cette association. Les poissons-clowns sont
en sécurité, protégés par les tentacules; ils
peuvent repousser les autres poissons prédateurs
de l'anémone et manger la nourriture qu'elle n'a pas utilisée. L'anémone, grâce à ce procédé, peut manger les
restes de la nourriture des poissons-clowns. Il est possible que leurs couleurs brillantes attirent des prédateurs
que capture alors l'anémone.

UNE MAISON CONIQUE
Ce pagure aplati du Pacifique occupe une coquille vide du cône *Omaria*.
Les cônes sont des mollusques tropicaux; certaines espèces sont extrêmement
venimeuses.

ILS SONT LES ROIS DU CAMOUFLAGE

Un coup d'œil superficiel dans une mare de la zone rocheuse ne laisse voir que des débris d'algues et des coquillages qui semblent morts. Il faut attendre patiemment, rester caché sans faire de bruit et observer attentivement. Une tache sombre soudain s'avance du rocher : c'est une blennie qui guette sa nourriture. Un flou léger sur le sable : une crevette ajuste les taches et lignes de son corps pour se confondre avec le fond. Un petit caillou se glisse : c'est un gastéropode qui broute une algue. Une tache ondule sur le fond de graviers et deux yeux apparaissent : un poisson plat a mis des petits cailloux et des fragments de coquilles sur son corps pour en masquer le contour. Toutes ces créatures utilisent un camouflage pour se dissimuler; d'autres adoptent un comportement particulier. Le syngnathe, au corps allongé (p. 34), a tendance à nager verticalement, pour ressembler aux algues rubanées et aux zostères parmi lesquelles il se cache.

L'ART DU CAMOUFLAGE
Vus de la surface de l'eau, les poissons plats sont généralement bien camouflés. Leur face inférieure, tournée vers le fond, n'a pas besoin de couleur; aussi est-elle, chez beaucoup d'espèces, blanche ou pâle.

UNE APPARENCE D'ALGUE
Ce «dragon de mer» feuillu des eaux côtières du sud de l'Australie est un genre d'hippocampe. Ses larges lobes de peau ressemblent aux franges des algues dans lesquelles il se cache.

UN OURSIN BIEN HABILLÉ
Plusieurs espèces d'oursins saisissent des cailloux, des coquilles et des morceaux d'algues à l'aide de leurs longs tubes ambulacraires (p. 28) et les disposent à la surface de leur corps. Il n'est pas toujours facile d'apercevoir un oursin bien recouvert. Ceux-ci sont des *Psammechinus miliaris* qui vivent à l'étage infralittoral et dans les eaux côtières.

UNE LIMANDE CAMÉLÉON
De nombreux poissons plats changent de couleur pour ressembler au fond sur lequel ils se trouvent. Il y a quelques minutes, cette jeune limande était de la couleur lumineuse du sable. Elle a présenté rapidement plusieurs taches plus sombres quand on l'a placée sur des pierres sombres préalablement choisies. Les taches de sa face supérieure deviennent presque noires. Les plus grandes limandes atteignent environ 40 cm de long.

LES DISSIMULATEURS
La plie, ou carrelet, est une experte en camouflage : elle peut devenir presque invisible sur un fond de graviers de différentes couleurs. Elle vit près du rivage durant les premières années de sa vie, avant de migrer vers des eaux plus profondes. Elle peut atteindre 60 cm de long.

UN DRÔLE DE GALET
Ce jeune tourteau (ou dormeur) a fait son chemin à reculons dans un amas de pierres de même couleur et tend à ressembler à un galet, ses pinces repliées sous le corps. Seul le bord ondulé de sa carapace le trahit.

UN POISSON-PIERRE
Les eaux peu profondes des rivages du Pacifique sont parfois dangereuses. Un poisson-pierre (ou synancée) dressera soudain les épines de sa nageoire dorsale si l'on marche dessus. Ces épines contiennent un venin très puissant.

À L'AFFÛT
Ce gobie (à gauche) et cette blennie ocellée (à droite) se tiennent immobiles sur les rochers pendant très longtemps. Ils ne s'élancent que pour saisir une proie ou pour éviter leurs prédateurs.

LES OISEAUX COLONISENT LES FALAISES

Une colonie d'oiseaux de mer au moment de la reproduction offre un spectacle fascinant. Les falaises, îlots rocheux et îles isolées, accessibles seulement par la voie des airs, sont des endroits sûrs pour nicher. Les oiseaux y sont à l'abri de tout, sauf des prédateurs terrestres comme les serpents et les rats et trouvent, juste sous les vagues, une riche réserve de nourriture. Plus de cinquante mille fous de Bassan nichent parfois sur une seule île : tourmente de grands oiseaux blancs qui vont et viennent en planant (sur leurs ailes longues d'un mètre quatre-vingts) dans les courants d'air. Ils s'élèvent le long des falaises à pic, régurgitent des poissons pour leurs petits, crient et s'attaquent à tout intrus qui passe à portée de leur bec pointu.

LA PONTE DES PINGOUINS

Les petits pingouins de l'hémisphère Nord ressemblent à leurs parents du Sud, les manchots, bien qu'ils soient, à la différence de ces derniers, de bons voiliers. Au moment de la reproduction, ils forment sur les falaises des colonies de plusieurs dizaines de milliers d'oiseaux. Mais chaque femelle ne pond qu'un œuf.

Fou de Bassan

Tous les œufs présentés ici proviennent d'un musée (les couleurs ont passé). Ramasser des œufs d'oiseaux sauvages est illégal.

DES ŒUFS CHEZ LES LAPINS

Les macareux nichent dans des terriers. Ils creusent un trou dans un sol meuble ou récupèrent un vieux terrier de puffin ou de lapin. Les œufs de macareux sont blancs car, étant cachés, ils n'ont pas besoin de camouflage.

Un macareux près d'un terrier au sommet d'une falaise, par l'artiste anglais Archibald Thorburn

Un jeune goéland argenté et un adulte, par Archibald Thorburn

UNE STABILITÉ PROTECTRICE

Grâce à sa forme effilée, l'œuf tacheté du guillemot ne peut tomber du rebord d'une falaise : poussé par le vent ou déplacé par l'oiseau vers un endroit non protégé, il roule sur lui-même et revient à sa position d'équilibre.

VACARME

Les glapissements des colonies de goélands argentés, oiseaux criards et agressifs, sont assourdissants. Une couvée moyenne est de trois œufs.

Grand Cormoran

Bec crochu et tranchant qui peut serrer une proie glissante

UN ENGRAIS NATUREL
Le guano, accumulation d'excréments d'oiseaux de mer (ou de chauves-souris), est riche en azote, en potassium et en phosphore. L'exploitation du guano a donné lieu à un commerce mondial à la fin du siècle dernier. L'essentiel du guano provenait des côtes et des îles de l'Amérique du Sud ou de l'Afrique. Transporté par bateaux vers l'Europe et l'Amérique du Nord, il était utilisé comme engrais.

BIENTÔT SEC
Le Grand Cormoran est la plus grande des vingt-neuf espèces du groupe et vit presque partout dans le monde. Il plonge et nage à la recherche de crabes, de poissons et autres proies aquatiques. Ensuite, pour sécher, il se tient dans une posture caractéristique, les ailes déployées. Curieusement, les cormorans n'évitent pas les eaux mazoutées, à la différence de nombreux autres oiseaux.

Long cou flexible facilitant la capture des proies

UN TRAVAIL D'ÉQUIPE
Beaucoup de cormorans nichent près de la mer, sur les falaises, les saillies rocheuses et les dalles de pierre. Les deux parents construisent le nid avec des brindilles, des algues et d'autres débris végétaux. Ils couvent à tour de rôle trois à cinq œufs, pendant environ un mois, jusqu'à leur éclosion..

Ses quatre doigts palmés font du cormoran un bon nageur.

CES OISEAUX SONT D'HABILES PÊCHEURS

Parmi les animaux qui capturent les poissons, beaucoup ont une bouche spécialement adaptée pour saisir ces proies glissantes et frétillantes. Ainsi les mammifères comme les phoques ont-ils de nombreuses dents, petites et pointues. Les oiseaux, eux, sont généralement pourvus d'un bec long et tranchant en forme de dague ; chez les cormorans et chez la plupart des goélands, il est même recourbé pour empêcher le poisson de glisser. Les goélands se rencontrent en grand nombre le long des côtes de l'hémisphère Nord. Ils chassent le long du rivage, attrapant des poissons dans les mares rocheuses, capturant des crabes et brisant des coquillages. Si beaucoup d'oiseaux marins se nourrissent près de la terre durant la période de la reproduction, ils vivent en haute mer le reste de l'année.

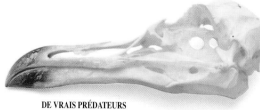

DE VRAIS PRÉDATEURS
Grâce à leur grand bec, les goélands argentés s'attaquent à toutes sortes de proies (y compris au contenu des dépôts d'ordures).

DES AMATEURS DE COQUILLAGES
Les huîtriers-pies utilisent leur bec en ciseaux comme un levier ou un marteau pour ouvrir les coquilles de moules, de coques, d'huîtres et autres coquillages.

UN SPECTACULAIRE PLONGEON
Le fou de Bassan plonge d'une hauteur de 30 m pour attraper harengs, sardines, maquereaux et autres poissons. Son bec lui permet aussi de combattre ses ennemis et de frapper ceux qui s'approchent de son nid.

Narines en forme de tube

DES BECS CROCHUS
Les fulmars nichent en groupes sur les îles et falaises rocheuses ; ils se nourrissent des poissons qui vivent près de la surface. L'extrémité de leur bec est crochue et leurs narines forment un tube sur la partie supérieure du bec.

Petites ailes utilisées comme des pagaies dans l'eau, mais qui battent rapidement en vol.

VICTIMES DE L'HOMME
Sur quelques côtes retirées, on chasse encore les oiseaux et on récolte leurs œufs pour les manger. Sur l'île de St Kilda, au nord-ouest de l'Ecosse, cette récolte s'est poursuivie jusque dans les années quarante. Les oiseaux étaient attrapés en vol avec un filet ; les œufs et les oisillons étaient ramassés à la main. Les fous de Bassan, les fulmars (à droite) et les pingouins furent les principales victimes.

'AMI DU PÊCHEUR

Pendant des siècles, les populations côtières de l'est de
l'Asie ont pêché avec des cormorans dressés. On
plaçait un collier avec une laisse sur le cou de l'oiseau
pour qu'il ne puisse pas avaler les poissons qu'il
attrapait; ensuite, on le tirait vers le bateau.
Aujourd'hui, cette «technique» de pêche
n'est plus qu'une attraction touristique.

UN BEC PLEIN DE POISSONS

Après une séance de plongée, dix petits poissons (comme ces
lançons) ne constituent pas une capture exceptionnelle pour le
macareux. Cet oiseau vit dans l'Atlantique Nord.

DE BONS NAGEURS

Les guillemots (p. 52) ont des pattes palmées
relativement grandes et puissantes qui,
placées en arrière du corps, lui permettent
de nager plus efficacement.
A terre, ils se dandinent
plus qu'ils ne marchent,
dans une posture
verticale analogue
à celle des
manchots.

*Le guillemot se tient souvent sur
une patte, sur une corniche.*

**UN CAMOUFLAGE
CÉLESTE**

La région ventrale du goéland
a la couleur pâle du ciel et des
nuages. C'est pourquoi les poissons, les crabes et autres proies qui guettent le
danger venant d'en haut le repèrent plus difficilement. Celui-ci est un jeune
goéland dont le plumage est tacheté; les oiseaux adultes ont
le ventre blanc.

*Des doigts aux
extrémités griffues*

LA PUISSANCE D'UNE HÉLICE

Les grandes pattes palmées du fou de Bassan
propulsent l'oiseau à une grande vitesse quand il
poursuit un poisson sous l'eau. Ses pattes lui permettent
aussi de couvrir l'œuf pour favoriser son incubation.

*Durant la période de la
reproduction, l'œuf (p. 52) est tenu en
équilibre sur les larges pattes palmées.*

D'ÉTRANGES VISITEURS FRÉQUENTENT LE RIVAGE

Il arrive que l'on aperçoive le long des côtes quelques visiteurs de grande taille. À la faveur de la nuit, les tortues marines se traînent sur le rivage pour déposer leurs œufs dans le sable chaud.

Les phoques prennent des bains de soleil, ou se battent entre mâles pour se constituer un harem. Dans l'Arctique, les morses aux blanches défenses se couchent sur les pierres gelées, tandis qu'à l'Équateur les iguanes broutent les algues des rivages rocheux des îles Galapagos. Dans l'Antarctique, les manchots s'assemblent par millions pour se reposer et se reproduire. Cependant, certains de ces visiteurs ne sont là que par accident. Ainsi, les troupeaux de baleines échouées ont-ils longtemps intrigué les scientifiques.

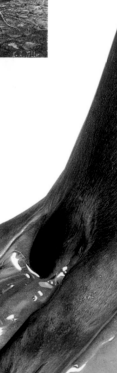

L'ENVAHISSEMENT DES CÔTES
Au siècle dernier, les bords de mer furent adoptés par un mammifère d'un type bien particulier : l'homme. Celui-ci a complètement modifié l'habitat. Ses groupes familiaux envahissent les côtes, tandis que les eaux qui les baignent sont encombrées de «jouets» aux brillantes couleurs comme les yachts et les planches à voile.

DES MÈRES IMPRUDENTES
La tortue verte, seule herbivore des six espèces de tortues marines, traverse les mers tropicales du monde entier. Les femelles déposent leurs œufs dans des trous peu profonds creusés dans le sable. Elles ont tendance à revenir toujours sur les mêmes plages d'une année sur l'autre, ce qui facilite la tâche de ceux qui les capturent et volent leurs œufs. Cette espèce atteint une longueur de 1 m et un poids de 180 kg. Comestible, elle fut chassée dans le passé pour sa chair, son huile, sa peau et sa carapace. Aujourd'hui, elle figure sur la liste des animaux menacés.

DES INVERTÉBRÉS GÉANTS
Des calmars géants, prédateurs voraces des grandes profondeurs, s'échouent occasionnellement sur le rivage. Ils sont probablement blessés, malades ou déjà morts, quand les courants côtiers les poussent sur le rivage. Les calmars géants sont les plus grands des invertébrés : ils atteignent plus de 15 m de long et pèsent jusqu'à 2 tonnes.

UNE ESPÈCE MENACÉE
La loutre de mer vit au large des côtes de l'océan Pacifique mais ne vient que rarement sur le rivage ; elle préfère rester au calme, dans les champs de goémons (p. 22). Elle se nourrit d'oursins, de crustacés, de coquillages, et peut écraser les coquilles ou les carapaces de ses proies. Celle-ci est la plus grosse des douze espèces de loutres existantes ; elle pèse parfois jusqu'à 45 kg. Chassée pour sa fourrure, la loutre de mer est devenue extrêmement rare ; dès 1911 un accord international a empêché son extinction.

DE JEUNES AMPHIBIES
es petits du phoque veau marin (ceux-ci ont environ
ois mois) naissent sur la terre, mais ils plongent et
agent presque immédiatement après leur
aissance. Les phoques se traînent hors de l'eau
ur se chauffer sur les rochers et les bancs de
ble, ou pour mettre bas. Ce phoque veau marin
t dans les eaux côtières de l'hémisphère Nord.

TOUT CE QUE LA MER ABANDONNE...

Deux fois par jour, la mer monte et laisse des débris lorsqu'elle se retire. Ce «ruban» d'objets échoués sur le rivage est un trésor pour l'amateur de nature. Coquilles, fragments d'algues, plumes, bouts de bois, tous ont une histoire à raconter. Des pierres, des coquilles et des morceaux de bois, roulés dans le sable ou écrasés sur les rochers et brisés, sont polis et sculptés par la mer. Les algues arrachées des rochers sont entraînées par les courants et déposées plus loin. De grands courants océaniques comme le Gulf Stream peuvent transporter des objets flottants sur des milliers de kilomètres et les abandonner sur quelque rivage éloigné. La mer disperse les semences de certaines plantes comme la noix de coco. Protégée par une enveloppe dure recouverte de fibres filandreuses (utilisées pour faire des nattes et des cordes), elle est un bon flotteur : d'une noix de coco entraînée par les courants et déposée sur un rivage, peut naître un nouvel arbre. C'est ainsi que les cocotiers se sont répandus sur le bord des rivages tropicaux du monde entier.

PAISIBLE PASSE-TEMPS
La laisse de mer montre que tout peut échouer sur le rivage. Autrefois, certains gagnaient leur vie en ramassant et en vendant les animaux comestibles et les objets hétéroclites qu'ils y trouvaient. De nos jours, tous les rivages ne sont pas propices à cette activité, car beaucoup sont jonchés de déchets laissés par les hommes et les eaux littorales sont souvent polluées.

BIENFAITS INATTENDUS
Beaucoup d'algues sont ramassées pour la consommation humaine ou animale (p. 23), et utilisées comme engrais. Des algues comme *Chondrus crispus* sont riches en substances nutritives. Pour certaines populations littorales, c'est une bonne source d'éléments traces, minéraux dont l'organisme humain a besoin en petites quantités. Les algues ont aussi des applications médicales : récemment, un extrait d'algue utilisé comme revêtement de bandages contre les brûlures s'est avéré très efficace.

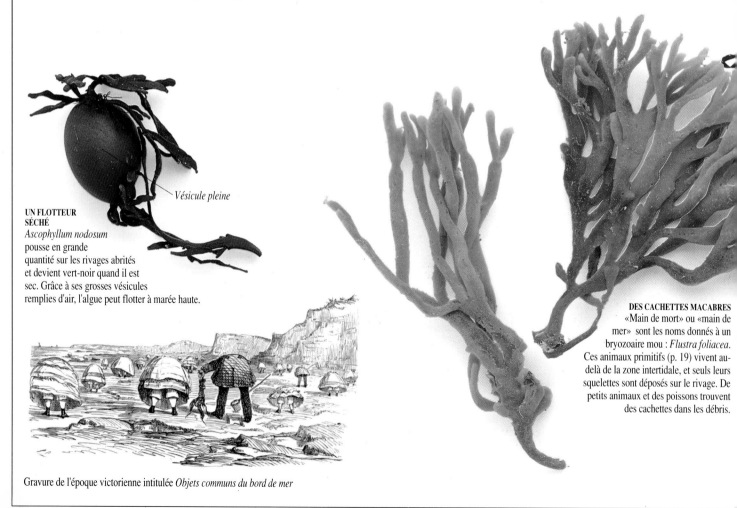

Vésicule pleine

UN FLOTTEUR SÉCHÉ
Ascophyllum nodosum pousse en grande quantité sur les rivages abrités et devient vert-noir quand il est sec. Grâce à ses grosses vésicules remplies d'air, l'algue peut flotter à marée haute.

DES CACHETTES MACABRES
«Main de mort» ou «main de mer» sont les noms donnés à un bryozoaire mou : *Flustra foliacea*. Ces animaux primitifs (p. 19) vivent au-delà de la zone intertidale, et seuls leurs squelettes sont déposés sur le rivage. De petits animaux et des poissons trouvent des cachettes dans les débris.

Gravure de l'époque victorienne intitulée *Objets communs du bord de mer*

RECYCLAGE
Les coquillages sont durs mais ne résistent pas à l'action incessante des vagues. Peu à peu, ils sont cassés et détruits, et leurs constituants retournent à la mer.

TRÉSORS CACHÉS
On trouve souvent quantité de coques dans le sable ou la vase.

UN BUCCIN ENTAILLÉ
Une fenêtre percée dans la plus grande spire de cette coquille de buccin révèle la forme spiralée et la colonne centrale de la coquille.

Nasse
réticulée

**S FORMES
ÉES**
oquilles de nasses réticulées à férents stades d'usure.

VENU D'UNE CÔTE LOINTAINE
Contrairement au bois ordinaire, ce morceau de palmier est fait de fibres. Il n'a pas de veines et il est difficile à travailler. Mais il flotte bien et traversera les océans pour venir s'échouer loin de son pays d'origine.

**POLIS PAR
LA MER**
Des morceaux d'ardoise, de verre et d'autres substances dures sont usés par le sable et l'eau. L'action érosive des petits grains de sable donne un bon poli.

DÉCORATIONS NATURELLES
Exposé à l'air, ce fucus noir s'est desséché et craquelé. Les petits tubes calcaires spiralés sont œuvre de vers marins morts depuis longtemps.

LES MARQUES DE L'ÂGE
Ceci est la valve supérieure plate d'une coquille Saint-Jacques (p. 26). On peut déterminer l'âge de l'animal en comptant les anneaux de croissance de la coquille. Ce mollusque-ci a vécu plus de quinze ans.

Les vers vivent souvent ensemble, leurs tubes calcaires entrelacés sur les roches.

Littorine (brune)

Littorine
(jaune)

Restes de coquilles polies
et blanchies par la mer

UNE COQUILLE BRISÉE
Ces «anneaux» en coquilles de bernique sont très répandus. Le sommet de la coquille conique a pu être percé et brisé par un bec d'oiseau, troué par un gastéropode prédateur, ou fracassé par un galet.

*Squelettes de
bryozoaires*

Morceau
d'ardoise parsemé
de petits tubes de spirorbes
et de squelettes de
bryozoaires

59

«Bras» d'oursin

Test d'oursin

Oursin mort depuis peu de temps, mais dont quelques épines sont encore présentes.

Trou correspondant à l'anus

Cou

UN PRISONNIER
Cette pierre s'est formée autour d'un animal dont les traces ont depuis longtemps disparu.

Trou correspondant à la bouche

Morceau de côte brisée

DÉCHETS IDENTIFIABLES
Des squelettes de poissons osseux, comme ceux de la morue et du bar, sont parfois échoués sur le rivage. Celui-ci est brisé, mais on distingue la partie postérieure du crâne et la colonne vertébrale.

LA STRUCTURE DE L'OURSIN
Le squelette dur et sphérique de l'oursin est appelé test (p. 28). Les mamelons, les creux et les petits trous correspondent aux épines et aux pieds ambulacraires de l'animal vivant; le grand trou, à l'anus. Débarrassé de ses épines, le test révèle la symétrie d'ordre cinq de l'animal et sa parenté avec les étoiles de mer. On a dit que les oursins étaient des étoiles de mer qui avaient «réuni leurs bras au-dessus de leur tête». Tous les organes principaux sont à l'abri à l'intérieur du test, notamment les gonades (ou organes reproducteurs), qui sont comestibles.

Larges pattes aplaties pour la nage

Jointures rouges caractéristiques des membres de cette espèce

Partie supérieure de la carapace détachée

Branchies

Une colonie de goélands : masse bruyante, mouvante et plumeuse

Espace occupé par le cœur

AU GRÉ DES VENTS
On trouve des plumes d'oiseaux de mer sur presque toutes les côtes; légères, elles flottent comme du liège et le vent les pousse aisément vers le rivage. Quelques-unes sont celles d'oiseaux morts, mais la plupart proviennent simplement de la chute normale des plumes lors de la mue.

AUTOPSIE D'UNE ÉTRILLE
Au premier stade de décomposition, le corps de cette étrille s'entrouvre et révèle son anatomie interne. Les principaux organes se trouvent dans la partie centrale du corps. Par les branchies, de chaque côté, l'animal absorbait l'oxygène dissous dans l'eau.

Les muscles (chair) de la pince sont déjà en partie mangés par les nécrophages.

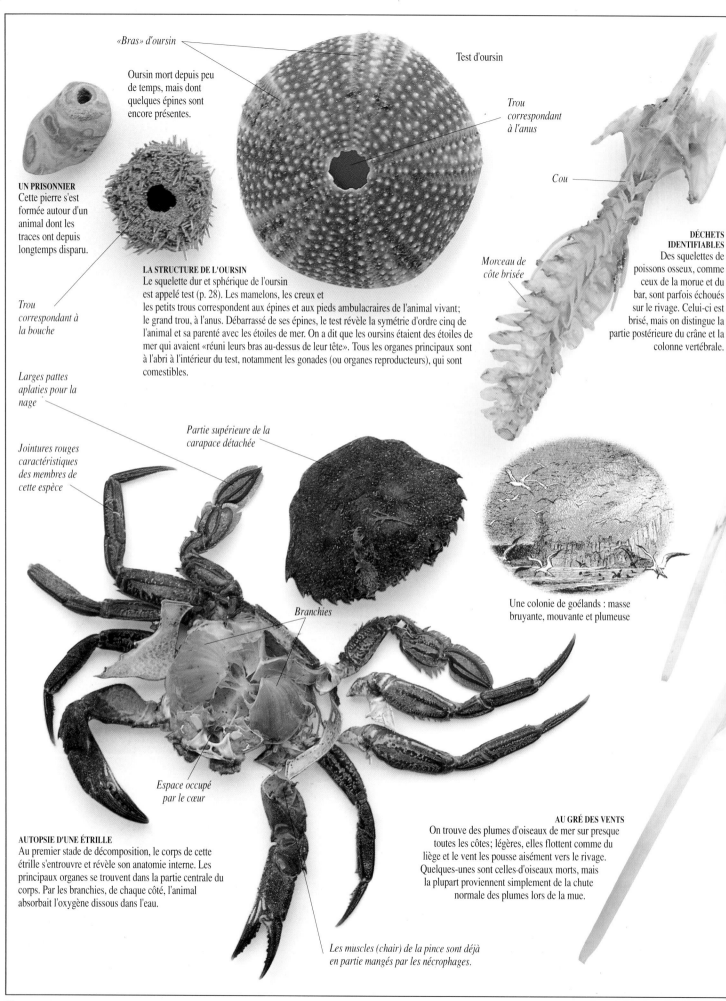

UN LONG VOYAGE
Pommes de pin et autres objets légers en
bois arrivent sur le rivage après avoir
été emportés par un ruisseau,
puis une rivière et enfin
par la mer.

Plume d'aile de goéland
adulte

Plume striée
caractéristique
d'un jeune goéland

Jeune roussette échouée
et desséchée

**POUSSÉS
PAR LE VENT**
Un vent venant de la mer pousse vers la
terre les objets flottants; celui qui fouille
sur la grève peut alors faire de curieuses
trouvailles.

REQUIN DES EAUX LITTORALES
La petite roussette est un requin.
Inoffensive, elle atteint une longueur de
90 cm. Elle passe la plus grande partie de
sa vie au voisinage du rivage, à des
profondeurs de 30 à 100 m.
Cependant, à la fin de l'automne, en
hiver et au printemps, les femelles se
rapprochent des eaux peu profondes du rivage
pour déposer leurs œufs parmi les algues.

HORS DE L'ŒUF
A l'éclosion, la roussette a
une dizaine de centimètres de
long, et une partie de son sac
vitellin subsiste; il se résorbe dès
que la jeune roussette
commence à se nourrir par ses propres moyens.
L'adulte chasse les animaux qui vivent sur
le fond, comme les crustacés et certains
poissons.

À L'ABRI
On trouve aussi,
fréquemment, des
enveloppes d'œufs de
buccin sur le rivage.
Les œufs sont fixés aux
pierres lors de la ponte et
des petits buccins bien
formés s'en échappent.

CROISSANCE PRÉNATALE
La jeune roussette se développe à l'intérieur de
l'enveloppe de son œuf, nourrie par son sac vitellin.
Elle continue à grandir pendant dix mois avant d'éclore.

LES FIXATIONS DES ŒUFS
L'œuf de roussette est attaché aux
algues par des prolongements en
forme de vrilles, qui se trouvent à
ses extrémités. Les enveloppes
d'œufs vides sont souvent échouées
sur le rivage.

IL FAUT PROTÉGER LES CÔTES

Nous profitons des rivages de bien des façons.
Les enfants barbotent dans les flaques;
les naturalistes étudient les plantes et les
animaux, les habitants du littoral récoltent
les algues et les coquillages pour s'en
nourrir, et tous peuvent apprécier la beauté
des étendues intactes du rivage. Cependant,
nos côtes subissent des dommages dus à
l'attrait qu'elles exercent et à la pollution de
la mer. Nous avons traité la mer comme une
poubelle sans fond, y déversant les eaux des
égouts, des déchets, des produits chimiques,
en pensant qu'elle les rendrait inoffensifs.
Mais la mer présente des signes de mauvaise
santé, et ses rivages sont par endroits
endommagés. Nous devons agir
dès maintenant pour
sauvegarder les côtes en
pensant à l'avenir.

INDICATRICES DE POLLUTION
Certaines algues réagissent
rapidement à la pollution et sont dites
«espèces indicatrices de pollution». Les
relevés des accumulations d'algues sur les rivages,
associés aux observations des populations, permettent aux
scientifiques d'enregistrer les
changements en temps voulu.

LES PREMIERS SCAPHANDRES
C'est au cours des années 1930 que l'on
effectua les premiers contrôles réguliers de
la vie de la zone subtidale. Les scientifiques
portaient des scaphandres rudimentaires.
L'air était fourni par deux pompes déposées
sur le rivage et chaque scaphandre avait un
radio-téléphone.

RÉVÉLATIONS ALARMANTES
La surveillance des coquillages
permet d'étudier comment les
espèces ont décliné
sous l'effet de la
pollution ou de la
surexploitation.

VOIR DE PRÈS
Le naturaliste utilise une loupe
pourvue d'un cadre et d'un
manche résistant à la corrosion.

TAMISER LE SABLE
On peut pêcher crevettes, coques et autres créatures
comestibles du rivage dans et sur le sable humide, au
niveau de la zone de déferlement de la mer, en utilisant
un filet. On pousse le bord en bois juste au-dessous de la
surface; les grains de sable passent à travers les mailles
mais les objets de plus grande taille sont retenus. Pêcher
la crevette est à la fois un passe-temps populaire et une
entreprise commerciale. Beaucoup de côtes ont été
surexploitées, ou sont trop polluées ou trop bouleversées
par les vacanciers pour fournir des récoltes fructueuses.

UN ANNUAIRE DES MARÉES
Cet objet est essentiel pour étudier la zone intertidale, rocheuse ou non. Il indique les heures des hautes et basses mers et les hauteurs d'eau. Il faut choisir le moment des basses mers des vives-eaux, quand la plus grande étendue de rivage est émergée.

UNE DESCRIPTION DES ROCHES
Il est très important d'avoir une carte géologique pour étudier la ligne de rivage. Les différents types de roches sont signalés par des couleurs et les hauteurs sont indiquées comme sur les cartes ordinaires. Le granit, le grès et les autres roches dures forment un rivage rocheux stable, mais des roches tendres comme le calcaire et la craie sont érodées plus rapidement.

UNE SOURCE D'INSPIRATION
Beaucoup de gens sont fascinés par la mer; effrayés par elle mais respectueux de son pouvoir de destruction, ils sont attirés par son mouvement perpétuel et ses sautes d'humeur. La mer a inspiré des artistes qui ont dessiné et peint les calmes après-midi de l'été et les violentes tempêtes de l'hiver.

Lampe torche

UN ÉQUIPEMENT ÉTANCHE
Grâce à leur étanchéité, les appareils photographiques modernes nous permettent de garder des souvenirs de la nature. Une torche sous-marine complète l'équipement. Les homards et les crabes se cachent dans des trous et des crevasses, se mettent au frais dans les creux des rochers. Il vaut donc mieux allumer sa torche avant d'y glisser la main.

DES CONCENTRATIONS MORTELLES
Nous ne pouvons voir les substances chimiques dissoutes dans l'eau de mer, mais de leurs concentrations dépend la vie ou la mort des créatures du rivage. Par des dosages, on peut déterminer la quantité de substances, comme les nitrites ou les nitrates, présentes dans l'eau de mer et connaître le degré de pollution. De grandes quantités d'engrais chimiques, riches en azote, sont entraînées vers la mer par les rivières qui transportent les produits d'érosion des sols. La «dureté» de l'eau de mer peut être mesurée et révéler la concentration en sels dissous.

3m
7m
15m
10m

ÉTUDIER LA VIE DU RIVAGE
Une méthode pour étudier la distribution des créatures vivant sur un rivage (pp. 12-15) consiste à tendre une cordelette, depuis la ligne des hautes mers jusqu'à celle des basses mers, puis à remonter la ficelle en notant les algues et les animaux les plus communs rencontrés à chaque étage. N'oubliez pas qu'au bout d'une heure environ la mer remonte.

SOULEVER ET REPOSER
Pour examiner les gastéropodes, on les soulèvera doucement du rocher avec un couteau. Il faut toujours les remettre à la même place.

LA MODE DE L'ÉPOQUE
Les costumes de bain à la mode au XIXᵉ siècle peuvent sembler étranges aujourd'hui. Mais comment verra-t-on nos actuels maillots de bain dans un siècle?

RESPECTER LES ÊTRES VIVANTS
Ne conservez les créatures du rivage que pour une étude importante. Elles sont hors de leur environnement : aimeriez-vous, vous, être entraîné dans la mer pendant une heure?

INDEX

NOTES

L'auteur et Dorling Kindersley tiennent à remercier : Geoff Potts et la Marine Biological Association of the United Kingdom; le Booth Museum of Natural History, Brighton, pour le prêt des spécimens, pages 52-55; Trevor Smith's Animal World; Collins and Chambers; Wallace Heaton; Jane Williams; Jonathan Buckley; Barney Kindersley; David George, Paul Cornelius; Bob Symes, David Moore, Ian Tittley, Arthur Chater, Ray Ingle, Gordon Patterson, John Taylor, Solene Morris, Susannah van Rose, Alwne Wheeler, Chris Owen et Colin Keates du Natural History Museum; Richard Czapnik pour son aide artistique; Ella Skene; Victoria Soezano; Fred Ford de Radius Graphics pour le travail artistique. François Cazenave et Simone Sentz-Michel pour leur collaboration à cette édition.

ICONOGRAPHIE

(h = haut, b = bas, m = milieu, d = droite, g = gauche)

Heather Angel : 12 bd, 23 mg, 30 hd, 42 hg et b, 49 bd
Ardea : 54 bg
Mark Boulton/Bruce Coleman Ltd : 8 hg
Professor George Branch : 12 b
Jane Burton/Bruce Coleman Ltd : 45 hg
Bob et Clara Calhoun/Bruce Coleman Ltd : 37 m, 43 m
N. Callow/NHPA : 31
G. J. Cambridge/NHPA : 15 m
Laurie Campbell/NHPA : 24 h
James Carmichael Jr/NHPA : 49 bg
C. Carvalho/Frank Lane : 23 md
Eric Crichton/Bruce Coleman Ltd : 20 hg
Nicholas Devore 111/Bruce Coleman Ltd : 9 m
Adrian Evans/Hutchison Library : 10 m
Mary Evans Picture Library : 8 m, 14 hg, 18 et 19 b, 20 b, 23 hd, 26 hg, 27, 30 hg, 36, 38 hd, 47 hd, 53 hg, 55 hg, 56 hd et m, 58 bg, 59 hd
Kenneth W. Fink/Ardea : 56 bg
Jeff Foott/Bruce Coleman Ltd : 24 b, 30 mg, 31 bg
Neville Fox-Davies/Bruce Coleman Ltd : 25 m
J. Frazier/NHPA : 50 hd
Pavel German/NHPA : 51 m
Jeff Goodman/ NHPA : 40 md et bg
Ian Griffiths/Robert Harding : 17 d
Robert Harding Picture Library : 9 b, 11 bg
Michael Holford/Victoria and Albert Museum : 26 bd
Scott Johnson/NHPA : 31 bd, 48 m
Tony Jones/Robert Harding : 11 hd
M. P. Kahl/Bruce Coleman Ltd : 8 bg
Frans Lanfing/Bruce Coleman Ltd : 12 hg
Richard Matthews/Seaphot Ltd : Planet Earth Pictures : 55 m
Marine Biological Association of the United Kingdom : 62 hd
M. Nimmo/Frank Lane : 8 hd
Fritz Polking GDT/Frank Lane : 44 m
Geoff Potts : 30 b
Niall Rankin/Eric Hosking : 54 hd
Ann Ronan Picture Library : 8 bd
John Taylor/Bruce Coleman Ltd : 43 bd
Kim Taylor/Bruce Coleman Ltd : 39 hd
Roger Tidman/Frank Lane : 10 hd
Bill Wood/NHPA : 40 mg
Gunter Ziesler/Bruce Coleman Ltd : 29 b

ILLUSTRATIONS

John Woodcock
Recherche iconographique :
Elizabeth Eyreso